Wulf Wager

Das schwäbische Witzbüchle

186 sauluschtige Witz

Mit Zeichnungen von Björn Locke

Silberburg·Verlag

2. Auflage 2012

© 2012 by Silberburg-Verlag GmbH,
Schönbuchstraße 48, D-72074 Tübingen.
Alle Rechte vorbehalten.
Gestaltung und Satz: Wager Kommunikation GmbH,
Altenriet.
Druck: CPI books, Leck.
Printed in Germany.

ISBN 978-3-8425-1169-9

Besuchen Sie uns im Internet und entdecken Sie die
Vielfalt unseres Verlagsprogramms:
www.silberburg.de

Inhalt

Vorwort

Über Baden lacht die Sonne, über Schwaben die ganze Welt«, so necken uns unsere badischen Landsleute jenseits der Bindestrich-Demarkationslinie. Hano, des isch doch schee, wemmr andre Leit zom Lacha brengt, sag i do bloß. Lacha hält jong ond isch xond. Mir Schwoba lachat au gern und zwor am liebschta ibr ons selber – ond ibr d' Gälbfiaßler.

Dia evangelische Schwoba lachat eher a bissle hälenger ond vrdruckter ond vielleicht amol meh en sich nei. Erscht noch drei bis vier Viertela werdat dia gelöster. Dia katholische send von vornarei scho a bissle frivoler ond deftiger en ihre Witz. Eigentlich scheißegal. Hauptsach, d' Leut lachat.

Send froh, dass'r no ebbes zom lacha hend. Wenn euch erscht mol 's Lacha vrganga ischt, no isch au 's Läba nemme arg schee. Deshalb han i dia Witz gsammlet – dass'r äwwl ebbes zom Lacha hend!

Wulf Wager
www.schwabenland.de

Schwäbische Eigaheita

Schwäbische Eigaheita

Drei Soldaten, ein Amerikaner, ein Franzose und ein Schwabe, sind gemeinsam im Manöver. Nach drei Wochen »im Dreck romwala« beginnt der Franzose zu spintisieren: »Wenn isch nach 'ause komme, dann lasse isch die Badewann' voll mit Champagner. Dann leg isch mein Frau 'inein, dann 'ol isch sie wieder raus und dann leck isch sie ab, von den Kopfen bis su den Fußen.«

Der Amerikaner schließt sich den Gedanken des Franzosen an: »Well, unn wenn ick nack Hause komme, dann schmiere ick mein Frau ein mit Chockolat von die Kopf bis zu den Fuße, und dann leck ick das alles ab.«

Etwa zwanzig Minuten später äußert sich der Schwabe sehr spontan und schlagfertig mit den Worten: »Goht des mit Moscht au?«

Drei Zugfahrer sind unterwegs auf der erotischen schwäbischen Tour, die über Freudenstadt und Lustnau nach Gaildorf führt. Sie sinnieren über die Dialekte Deutschlands. Sofort sind sie sich darüber einig, dass das Berlinerische der schönste unter den deutschen Dialekten sei. Auch bei der Frage nach dem hässlichsten Dialekt kommt man schnell auf einen Nenner und einigt sich auf das Sächsische. Allerdings beim bilderreichsten, blumigsten Dialekt, bei der Sprache also, die für ein und dieselbe Tätigkeit die meisten Begriffe kennt, kommen die drei Reisenden auf keinen grünen

Schwäbische Eigaheita

Zweig. Mittlerweile ist der Zug in den Stuttgarter Hauptbahnhof eingefahren. Draußen auf dem Bahnsteig ist ein Mordsgeschrei. Sie öffnen das Fenster und sehen, wie ein Betrunkener, der an den Eisenbahnwagen pinkelt, vom Schaffner zusammengestaucht wird.

»Was urinieret Sie an den Waga na, des isch doch koi Platz zom harna. Wenn Sie pinkla miassat, no gangat Se do na, wo ander Leut au ihr Wasser abschlagat. Do kennat Se zinsla ond brinsla, solang Se wellat, aber net die Eisabahwäga verbronza, Sia Schiffbeitl, Sia versaichter, so was gibt's bei der Eisabah net!«

Damit war klar, dass einzig und allein Schwäbisch der bilderreichste und blumigste Dialekt Deutschlands ist.

Wir Schwaben sind ja weltoffene Menschen. Des muaß oifach mol gsait werre.

Es war in den 1920er Jahren. Eine Bäuerin fährt mit dem Zug von Aalen nach Nördlingen. Auf der Bank gegenüber sitzt ein Neger – ein Mohr, ein Farbiger – ein afrikanischer Schwob halt! Sie mustert ihn eine ganze Weile.

Dann fragt sie keck: »Gell, Sia send net von do?«

Der Dunkelhäutige versteht natürlich nichts und schüttelt deshalb mit dem Kopf.

»Aha, drom.«

Schwäbische Eigaheita

Die Prinzessin betrachtet sich selbstverliebt im Spiegel:»Spieglein, Spieglein an der Wand. Wer ist die Schönste im ganzen Land?«

Darauf der schwäbische Spiegel:»Gang amol auf d' Seite, du fette Kuah, i sieh jo gar nix!«

Ein Paar aus dem württembergischen Unterland wandert durch die Tiroler Alpen und fällt in eine Gletscherspalte. Nach drei Tagen wird es endlich von einer Rettungsmannschaft gefunden. Ein Retter ruft nach unten:»Hallo, hier ist das Rote Kreuz!«

Darauf ruft die Frau nach oben zurück:»Mir gäbat nix!«

Verärgert über einen Artikel in der Tageszeitung, der sich mit dem Geiz der Schwaben beschäftigt, ruft ein bodenständiger Schwabe bei der Redaktion an. Entrüstet macht er seinem Ärger Luft und schließt mit der Drohung:»Wenn Se weiterhin so an Scheiß schreibat, no leih i mir Ihr Käsblättle nie me bei meim Nochbr aus!«

's kleine Fritzle wird auf der Straße von einer Frau angehalten:»Sag amol, woiß dai Muddr eigentlich, dass du scho rauchsch?«

Darauf Fritzle: »Noi! Aber woiß Ihr Ma eigentlich, dass Sia wildfremde Männer uf dr Stroß a'sprechat?«

Treffad sich zwoi alde Kumbl. Moint dr erschd: »Du, i han grad drhoim bloss no a Gschieß mid meira Alda ...«

»Awa, des vrschdande gar ed – de mei ischd dr leddsch sogar uf älle Viere zu mr grebbsld komma!«

»Jedds sag bloß! Ond wa hod se no gmoind?«

»Mach, dass de ondr dem Disch fire kommschd ond endlich 's Gschirr ahschbieldschd!«

Zwei Buben finden im Schrank das Schrotgewehr ihres Vaters. Einer schaut vorne in den Lauf, während der andere am Abzug herumhantiert. Es kommt, wie es kommen muss: Plötzlich löst sich ein Schuss. Der Bub vor dem Rohr sieht auf einmal ganz verändert aus.

Dazu der andere: »Brauchsch fei net so bleed glotza, i ben au verschrocka!«

A Bettler klopft an a Tür und a alte Frau macht auf: »Guate Frau, i hon scho seit drei Tag nix meh gessa!«

Drauf dia Frau: »Ha, denn mund se sich halt zwinga!«

Schwäbische
Eigaheita

Schwaben sind nicht geizig, wie landläufig behauptet wird. Schwaben sind sparsam und vor allem pfiffig. Was schenkt also ein verliebter Schwabe seiner Freundin?

Einen Lippenstift, denn den kann er sich nach und nach zurückholen.

Kommt a Schwob uffs Schdandesamt ond will sein Nama ändere lassa.

Der Beamte frogt ihn: »Worom wellet Sia Ihr'n Nama ändera?«

Dodruff der Schwob: »I han do geschdern en Karddong Visidakarda uff dr Schdroß gfonda ...«

Was macht an Schwob mit a ra Kerz vor em Spiegl?

Er feiert da zwoita Advent.

An Ma trommelt an 's oinzige Klo en dr Gegend ond schreit: »Machad Se nora, i hann Durchfall!« Do hört ma von drenna a gepressta Stemm keucha: »Send Se froh!«

Liabe, Luscht ond Leidaschaft

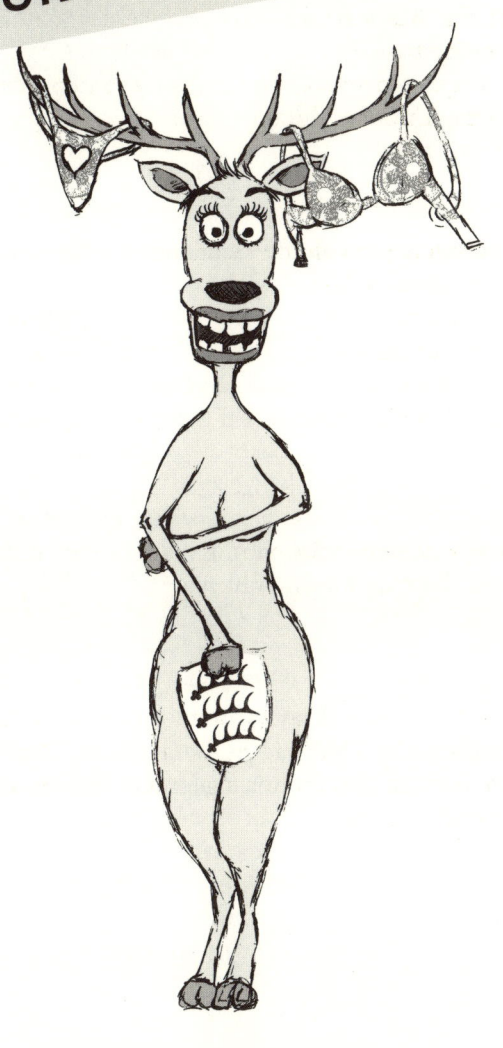

Liabe, Luscht
ond Leidaschaft

Beide liegen im Bett, als plötzlich das Telefon klingelt. Sie nimmt den Hörer ab und sagt: »Isch in Ordnung, ade.«

»Wer war denn des?«, fragt der Liebhaber.

»Des war mei Ma. Er hot gsait, er käm später, weil er mit dir no a Viertele trenkt.«

Von der schwäbischen Leidenschaft erfährt die Welt im Allgemeinen nicht viel. Doch im Geheimen glüht und lodert es und wer noch nie einen Schwaben – oder eine Schwäbin – geliebt hat, der weiß ja nicht, was ihm – oder ihr – entging!

Ein Schwabe hat eine Rei'gschmeckte geheiratet. In der Hochzeitsnacht macht sie sich erwartungsvoll für ihn zurecht. Er entledigt sich seiner Kleidung und springt zu ihr in das gemeinsame Ehebett. Er dreht sich zu ihr hin, küsst sie auf die Nase, dreht sich um und schläft ein. Nun hofft seine Frau auf die darauffolgende Nacht. Wieder das gleiche Spiel. Sie macht sich zurecht und erwartet ihn. Er entledigt sich seiner Kleider und hüpft zu ihr ins Bett, dreht sich zu ihr hin und dieses Mal küsst er sie zuerst auf die Nase und dann auf die linke Wange, dreht sich um und schläft ein. In der dritten Nacht aber passiert es. Wieder erwartet sie ihn sehnsuchtsvoll. Dieses Mal küsst er sie zuerst auf die Nase, dann auf die Wange und dann beginnt er lustvoll an ihrem Ohrläppchen zu knabbern. Über diesen plötzlichen Anfall von Leidenschaft überrascht, schaut sie ihn ganz erstaunt an.

Liabe, Luscht
ond Leidaschaft

Daraufhin er: »Woisch du, in dr Erotik, do send mir Schwoba die reinschte Deifl!«

Wär dr Adam a Schwob gwäa, hätt der den Apfel net gfressa – der hätt en vermoschtet.

No wär ons manches erschpart blieba.

Manche sagen, Adam sei tatsächlich ein Schwabe gewesen. Einige Tage nachdem unser Herrgott den Adam aus einem Bollen echten Filderlättens gemacht hat, begann er sich im Garten Eden einsam zu fühlen. Prompt ruft er mit seinem Handy beim Herrgott an und fragt nach einer Partnerin. Der Herrgott in seiner allmächtigen Güte überlegt und meint: »Ich werde dir ein attraktives Wesen erschaffen, das dich begleiten soll und dir immer zu Diensten sein wird. Es wird dir alle Wünsche von den Augen ablesen, dir niemals widersprechen und dich ewig verehren.«

Adam ahnt schon, dass er das nicht umsonst bekommen würde. Er fragt seinen Hergott: »Ond was muaß i dir do drfier gäba?«

Der Herrgott: »Das Augenlicht, den rechten Arm und den linken Fuß!«

Adam: »Noi, noi, des isch mr's net wert. Aber sag amol, Herrgott, was dät i kriaga, wenn i dir a Ripp' geba dät?«

Liabe, Luscht
ond Leidaschaft

Ein Ehepaar in der Hochzeitsnacht.

Sie: Du Schatz, i muaß dir gesteha, dass i völlig farbablend ben.

Er: Des macht nix. I muaß dir au ebbes gesteha. I bin gar net von Cannstatt, sondern von Kamerun.

Ein Ehepaar liegt im Bett. Nachdem beide schon eine ganze Weile geschlafen haben, macht er plötzlich das Licht an, geht in die Küche, holt ein Glas Wasser, wirft ein Aspirin hinein und geht zurück in das eheliche Schlafzimmer. Sanft rüttelt er seine Angetraute und hält ihr das Glas hin.

»Was soll denn des?«, raunzt ihn seine Gattin an.

»Des isch für deine Kopfschmerza.«

»Aber i han gar koi Kopfweh«, entgegnet sie ihm.

»Also, no kennat mr ja ...!«

Prüfung an einer Stewardessenschule. Der Lehrer sagt: »Stellen Sie sich folgendes Problem vor, meine Damen. Ihr Flugzeug stürzt ab, mitten in der Wüste. Sie sind die einzige Überlebende. Vor Ihnen stehen pötzlich zehn Beduinen, die allesamt hungrig nach einer Frau sind. Was würden Sie tun?«

Die Badnerin antwortet: »I tät mir's Läwe nemme!«

Die Schwäbin sagt: »I trenk a Flasch Trollinger aus – des gibt Muat!«

Liabe, Luscht
ond Leidaschaft

Die Französin schaut eine ganze Weile erstaunt auf den Lehrer und auf ihre Kolleginnen und meint dann: »Isch verschde'e zwar die Geschischte – aber wo is das Probläm?«

Eine Frau ist bei der Routineuntersuchung beim Frauenarzt. Der eröffnet ihr, dass sie zwar eine schwere Krankheit habe, er darüber aber nur ihrem Ehemann Auskunft geben will. Zu Hause angekommen eröffnet sie ihrem Mann, dass er zum Frauenarzt kommen müsse. Widerwillig fügt er sich diesem Wunsch. Der Gynäkologe macht dem Ehemann klar, dass er mindestens zweimal wöchentlich seinen ehelichen Pflichten nachkommen müsse, sonst würde seine Frau sterben.

Wieder zu Hause angekommen, löchert ihn sofort seine Frau: »Ond, was hot dr Doktr g'sait? Jetzt sag doch, i verzwazzl jo schier.«

Seelenruhig entgegnet er ihr: »Du muasch sterba!«

Die norddeutsche Frau eines Schwaben bittet ihn: »Ach Schatz, sag doch mal was Wildes zu mir!«

Darauf ihr schwäbischer Mann pragmatisch: »Alde Wildsau!«

»Nein«, sagt sie, »was Dreckiges!«

Er: »Küche!«

Liabe, Luscht
ond Leidaschaft

»**Mein Ma** on i hend ons femfazwanzich Johr bloß g'stritta, bevor mir drmit aufghört hend«, erklärt eine schwäbische Hausfrau ihrer Kurnachbarin.

»Ond noch femfazwanzich Johr hend Se dann endlich 's Kriegsbeil begraba?«, fragt diese nach.

»Noi, net 's Kriegsbeil, mein Ma!«

Nach über zwanzig Jahren klappt es in der Ehe nicht mehr ganz so gut. Der Küfersbaschte zeigt kein rechtes Interesse mehr an seiner Frau. Sie holt sich bei Freundinnen Rat. Diese raten ihr, sich einmal ein verführerisches Negligé anzuschaffen. Abends setzt sie sich in einem hinreißenden schwarzen Teil auf das Sofa.

Kommt ihr Mann ins Zimmer, betrachtet seine Frau und meint: »Isch was mit dr Oma?«

Der Schorsch springt nicht mehr so auf seine Frau an wie früher. Das ärgert sie natürlich. Beim Arzt sucht sie Rat. »Oh, Herr Doktr, gebat Se mir ebbes, was meim Ma hilft.«

Der Arzt verschreibt ihr ein Aphrodisiakum, das sie aber nur sehr sparsam in das Essen ihres Mannes mischen soll, höchstens eine Messerspitze pro Mahlzeit, wenn ihr danach ist. »Ah, wa«, denkt sie, »der isst jeden Obend a Pärle Saitawirscht, on no misch i em glei a halbs Päckle en da Senf.«

Liabe, Luscht ond Leidaschaft

Gesagt, getan. Liebevoll serviert sie ihrem Gatten sein Abendessen, geht ins Bad und richtet sich schön her für den erwarteten Liebesakt. Plötzlich hört sie aus der Küche laut schallendes Gelächter.

»Emma, komm au mol ond guck«, ruft er voller Entzücken, »jedes Mol, wenn i mei Soitawürschtle en da Senf donk, rollt sich do dia Wurschthaut z'rück!«

Dr Hans steht am Grab seiner gerade beerdigten Gattin. Da kommt plötzlich eine Hand aus dem Erdreich, und eine ihm vertraute Stimme ruft: »Hilfe, man hat mich lebendig begraben!«

Gelassen tritt dr Hans die Hand wieder fest und sagt: »Aber net b'sonders guat!«

Der Karle sitzt am Stammtisch und räsoniert: »Älles Mögliche hend se jetzt erfonda, a Bier ohne Alkohol, Kaffee ohne Koffein, Margarine ohne Fett. Bloß an a Mitgift ohne Braut hot no koinr denkt!«

»**Fritz, stell dr vor**, i werd Vattr!«, sagt der Hans.

»Sag amol, warom machsch no so a traurigs G'sicht?«

»Ha woisch, i muss des no meira Frau v'rzehla!«

Liabe, Luscht ond Leidaschaft

Aufgeregt erzählt Martina ihrer Freundin: »Stell dir vor, geschtern han i en dr Mantltasch' von meim Hans an blaua Stringtanga g'fonda.«

»Des isch dr Beweis, dass dei Ma ons betrügt. I han nämlich gar koin blaua Stringtanga.«

Jetzt send mir erscht zwoi Wocha verheiratet ond hend nix als Schtreit«, klagt die Carolin ihrer Mutter.

»Du Arme, wie hot denn euer Streit a'gfanga?«

»Ach woisch, Mama, des hot domit a'gfanga, dass er obedengt hot mit auf's Hochzeitsfoto wella!«

Für die Hochzeitsnacht hat sich das junge Paar ein kleines, hübsches Landhotel ausgesucht, das direkt neben der Kirche liegt. Unvorsichtigerweise hat der junge Ehemann seiner Frau versprochen, sie bei jedem Glockenschlag der Kirchturmuhr zu lieben.

Von eins bis vier hält er tapfer durch. Dann allerdings neigen sich seine Kräfte dem Ende zu. Unter einem Vorwand schleicht er sich davon und läuft schnell zum Mesner. Diesem bietet er fünfzig Euro, wenn er die Kirchturmuhr nur noch alle zwei Stunden schlagen lässt.

»Des dät i jo gern«, entgegnet der Mesner, »aber Ihra Frau hot mir hondert Euro bota, wenn i dui Uhr älle halbe Stond schlaga lass!«

Liabe, Luscht
ond Leidaschaft

Fragt eine Freundin die andere: »Sag amol, i han denkt, du willsch di scheida lassa?«

»Des han i eigentlich au wella. Aber no isch onser Fernseher verreckt. Ond no han i mein Ma als an warmherziga und wirklich interessanta Menscha kennaglernt!«

Der Streit eines unverheirateten Pärchens eskaliert:

»Wenn du mein Mann wärsch, no dät i dir Gift gäba!«

»Ond wenn i dein Mann wär, no dät i 's nemma!

Treffen sich zwei schwäbische Flöhe, der eine zittert und friert, der andere sieht richtig gesund aus. »Wo lebsch'n du?«, will der eine wissen.

»Ha, i leab halt em Bart vom Dirigenta von dr Stadtkapell'«, erklärt er seinem Artgenossen. »Ond du?«

»I wohn im Tal zwischa de zwoi woiche Berg von dr Frau Bürgrmoischtr. Do isch's warm, ond do lässt sich's leaba! Probier's doch au amol!«

Tage später. Der eine Floh zittert immer noch. Fragt der andere: »Ja sag amol, hosch denn mein Rat net befolgt?«

»Erwidert der eine: »Doch, doch, han i gmacht! Z'ersch war's do au oheimlich schee ond warm. Aber wo i aufg'wacht be, ben i wiedr em Bart vom Dirigenta g'hängt!«

Liabe, Luscht ond Leidaschaft

Eines Tages kündigt die Köchin, die jahrelang im Haus war und fast schon zur Familie gehörte. Die Hausfrau fragt nach, weshalb.

Die Köchin sagt: »Weil i heirate will!«

»So?«, fragt die Hausfrau, »glaubet Sie denn, dass Sie's no schöner hend als bei uns?«

»Des net, aber öfter!«

Punkt elf Uhr am Abend trinkt der Paul den letzten Schluck Wein aus seinem Glas und erhebt sich vom Stammtisch: »Meine Herra, ihr wissat jo, i han so meine Grundsätz. I gang jetzt hoim.«

Plötzlich klingelt das Telefon. Der Wirt nimmt ab und ruft dann zur Stammtischrunde: »Paul, dein Grundsatz isch am Telefon!«

»**Du, Baschte,** warum isch eigentlich dei Verlobung mit dr Roswita in die Brüch' ganga?«

»Bloß weil i g'sait hau, dass ihre Strumpfhosa Falta hättat!«

»Aber des isch doch koi Beleidigong!«

»Doch, se hot nämlich gar koene a'ghet!«

Essa ond Trenka

HEUTE

Maultascha

Linsa ond Spätzle

Saure Kuttela

Zwiebelrostbrata

Badischer Greif

Essa ond Trenka

Mai Arzt hot mi amol g'frogt, was i denn eher aufgeba dät, da Wein oder d' Fraua. No han i g'sagt: »Des kommt ganz auf da Johrgang a, Herr Doktr.«

In einem Stuttgarter Besen bestellt ein Gast ein Glas Wasser. Darauf der Wengerter entrüstet: »Soll i dir Soif ond Handtuch au drzua brenga?«

Auf dem Cannstatter Volksfest torkelt ein Betrunkener zur Schießbude. Obwohl er schon eine ziemliche Schlagseite hat, trifft er.
»Hauptgewinn«, schreit der Schießbudenbesitzer. »Sie hend a Schildkröte g'wonna!«
Eine halbe Stunde später kommt der betrunkene Erfolgsschütze wieder, schießt, trifft erneut und gewinnt wieder eine Schildkröte. Wieder eine halbe Stunde später das Gleiche. Dieses Mal hat der Betrunkene sogar freie Auswahl.
»Was mechtat Sia han?«, fragt der Schießbudenbesitzer baff.
Der Schütze: »Gebat Se mir nomol so a leckers Fischweckle wie die zwoi Mol vorher!«

Ein Mann geht in eine Beiz und bestellt: »Gäbat Se mr schnell no a Pils, bevor's losgoht.« Er trinkt das

Essa ond Trenka

Bier und bestellt noch mal ein Pils: »Schnell, gäbat Se mr no a Pils, bevor's losgoht.«

So geht das noch einige Male. Schließlich wird durch dieses Verhalten die Skepsis des Wirtes geweckt. »Saget Sie mol, was goht denn los? Könnet Sie eigentlich überhaupt zahla?«

Darauf der Zecher: »Jetzt goht's los!«

»**Griaß Gott**, isch do die Beratongsstelle für anonyme Alkoholiker?«

»Ja, hier sind Sie richtig. Wie kann ich helfen?«

»Wisset Sie, wie mr a Ananasbowle ansetzt?«

Sagt der Gast zum vorbeieilenden Ober: »I hätt gern amol a Kart!«

Darauf der Ober: »Mechtat Se vielleicht au no a Briefmark drzua?«

Gespräch zwischen zwei Frauen: »Hot dein Ma jetzt endlich a Gschäft g'fonda?«

»Jo, Gott sei Dank. Er schafft jetzt en ra Weikellerei.«

»Ond, macht em sei Gschäft Spaß?«

»Ha jo, der ischt ganz begeischteret. Fascht jeden Obend brengt er sich a Arbet mit hoim!«

Essa ond Trenka

Zwei Freunde, die von ihren Eheweibern ziemlich kurzgehalten werden, sitzen in der Besenwirtschaft. Fragt der eine: »Sag amol, was kruschtelsch denn äwwl en deine Hosatasche rom?«

»I guck bloß noch, ob mir no Durscht hend!«

Der Ministerpräsident besucht im Wahlkampf ein Seniorenwohnheim. Wie er so durch die Räume geht, fragt er einen 80-Jährigen: »Was hat Sie so jung und agil erhalten?«

Der Alte: »Drei Mol täglich oin Becher fettarms Jogurt.«

Dann stellt der Landesvater die gleiche Frage an einen 85-Jährigen. Der antwortet: »Drei Mol am Tag an Teller mit Frischkornmüsli.«

Schließlich fragt er den seiner Meinung nach ältesten Heimbewohner: »Und was hat Sie so jung erhalten?«

Der ganz Alte: »Drei Mol am Dag en halber Liter Trollinger.«

Der Ministerpräsident: »Und wie alt sind Sie?«

Antwort: »Oisafuffzge!«

Auf dem Heimweg vom Cannstatter Volksfest fährt ein Betrunkener Schlangenlinien durch die Stadt. Von weitem sieht dies ein Polizeibeamter und hält ihn an. Nachdem sich der Polizist die Papiere zeigen hat lassen, fordert er den Zecher auf, in den Alkomat zu blasen.

»Des kann i netta, i ben Aschtmatiker«, sagt der Betrunkene. »Dann müssen wir im Krankenhaus eine Blutprobe nehmen«, erklärt der Beamte. »Des goht au netta, i bin Bluter«, setzt der Betrunkene nach.

Daraufhin wird er aufgefordert, auf einer weißen Linie entlangzugehen.

Der Betrunkene: »Ond des goht erscht recht netta. I ben jo total b'soffa!«

Jeden Tag fährt die ältere Dame mit dem Bus und stellt dem Fahrer beim Aussteigen ein kleines Tütchen Nüsse hin. Der bedankt sich jedesmal, doch eines Tages spricht er die Frau an: »Dankschee fir dia Nissla. Dia schmeckat sauguat, aber wie komm i zu derra Ehre?«

»Ach wisst Se, jonger Mann, die könnat Sia gern hau. Ich ess nämlich so gern Ferrero Küsschen, bloß d' Nüss' mag i net!«

»Hosch du au a Allergie?«

»Ha jo, nadierlich. I han a Lederallergie.«

»Wia, was isch des?«

»Ha emmr, wenn i morgens mit Schuah an de Fiass aufwach, han i saumäßig arg's Kopfweh!«

Essa ond Trenka

Der Sportredakteur der Südwestpresse besucht auf der Alb den Fußballverein von Hinterstettenhofen. Beim Gespräch mit den Sportlern erfährt er, dass der Kapitän der Mannschaft bereits fünfzig Jahre alt sei.

Er spricht ihn an: »Das ist ja unglaublich. Mit fünfzig Jahren sind Sie Mittelstürmer und auch noch Kapitän der Mannschaft. Wie machen Sie das?«

»Descht ganz oifach. I trenk jeden Tag mindeschtens oin Liter Wei! Des hält mi fit ond xond. Aber des isch no nix Bsonders. Mei Bruadr isch scho siebzge ond schafft no jeden Tag em Stall. Der isch wirklich a guadr Sportler. Der isch Langstreckaläufer ond macht jedes Johr en Marathonlauf mit.«

»Das muss ich unbedingt in der Zeitung schreiben«, meint der erstaunte Sportreporter. »Wo finde ich denn Ihren Bruder?«

»Des isch schwierig. Denn im Augablick isch der auf der Hochzeit von meim Vaddr. Ond wia i mein Bruadr kenn, hot der sich om dia Zeit scho vollaufa lassa. Den kasch jetzt nemme a'schwätze.«

»Was höre ich da, Ihr Vater hat geheiratet? Wie alt ist der denn?«

»Im September isch er 92 worda!«

»Und da will er noch heiraten?«

»Wa hoißt wella – miassa hot er!«

Ein Unterländer und ein Berliner sitzen in einer Landgaststätte beisammen. Nachdem der Berliner den süffigen Trollinger probiert und dabei kräftig gegurgelt hat, fragt er den Unterländer: »Na, wie viele Viertel trinken Se denn so am Tach?«

Der Unterländer: »Fimf bis sechs Viertele werda 's scho sei!«

Der Berliner: »Ick trinke imma nua zwee Gläschen, aba och nur dann, wenn ick auch durstig bin!«

Darauf bruddelt der Unterländer vor sich hin: »Wie d' Viecher!«

Kennat Sia scho des typische schwäbische 5-Gänge-Menü?

Ganz oifach: An Roschtbrota ond vier Viertala!

Ein Weinfreund macht eine Pilgerreise aus den hohenzollerischen Landen nach Lourdes. Als er zurückfährt, wird er an der Grenze bei Straßburg gefragt, ob er etwas zu verzollen habe.

»Noi!«, antwortet er. Daraufhin muss er seinen Koffer öffnen. Prompt zieht der Zöllner einige Flaschen heraus. »Was isch in dene Flasche?«

»Geweiht's Wasser aus Lourdes.«

Der badische Zöllner macht eine Flasche auf, riecht zuerst daran und nimmt dann einen kräftigen Schluck. »Des isch doch Wie und kai Wasser«, sagt er.

Worauf der Hohenzoller auf die Knie fällt, die Hände zum Himmel faltet und ruft: »Lob ond Dank, oh Herr, a Wonder isch gscheha!«

Essa ond Trenka

Drei Katzen unterhalten sich. Fragt die eine: »Wo mechtat ihr eigentlich am liebschta leba?«

Antwortet die Erste: »En ra Bäckerei. Do gibt's jeden Tag frische Kucha ond emmer ebbes zom Schlecka.«

Die Zweite: »Liebr en ra Metzgerei. Do gibt's emmer frische Leberla, Wurscht on andere leckere Sächla.«

Sagt die Dritte: »Awa, i mecht am liebschta en ra Wirtschaft leba, mo's viel Wein hot. Do gibt's dann jeden Morga an Kater!«

Zwei Männer stehen am offenen Grab ihres Freundes. Der eine wirft eine Rose in das Grab, der andere ein Fleischküchle.

»Moinsch du, dass der des no isst?«, fragt der eine erstaunt.

»Des et, aber dei Blom stellt der au nemme en d' Vas'!«

Treffat sich zwei Sigmaringer Schulkameraden 30 Jahre nach der Schulentlassung das erste Mal wieder. Der eine ist dick, der andere dünn.

»Sag mol, wenn ma di so aguckt, kennt mr moina, du hättesch a Hongersnot hendr dir!«

»Ond wenn ma di so a'guckt, kennt ma moina, du seiescht schuld dra!«

So semmr halt

So semmr halt

Der einzige Luxus, den sich der Herbert gönnt, ist die regelmäßige Nassrasur beim Friseur. Zum ersten Mal rasiert ihn der Lehrling. Nach der Rasur verlangt Herbert nach einem Glas Wasser. »Hend sia Durscht, mein Herr?«, fragt ihn der Lehrling.

»Noi, i möcht bloß gucka, ob mei Hals noch dicht ischt!«

Fußballspiel auf der Schwäbischen Alb. Zur Seitenwahl wirft der Schiedsrichter eine Münze in die Luft. Es gab 100 Verletzte.

Warum tragen schwäbische Hausfrauen keine String-Tangas?

Do ka mr koine Putzlompa draus macha!

Was ist ein schwäbisches Schwein, das um Hilfe ruft?

Ein Notruf-Säule.

Kurz vor seinem Tod verfügt ein alter Schwabe, dass seine drei Söhne ihm jeweils 100 Euro mit ins Grab geben sollen. Als der Tag des Begräbnisses gekommen ist, legt der erste widerwillig einen

Hundert-Euro-Schein auf den Sarg. Sein Bruder tut es ihm gleich. Der dritte stellt einen Scheck über dreihundert Euro aus und steckt die zwei Hunderter ein.

Was sagt der Schwabe nach dem Orgasmus?
»Jetzedle ...«

Das schönste Kompliment, das man einer schwäbischen Frau machen kann:
Ha, du siehsch aber abg'schafft aus!

Die A-Mannschaft des FC Hinterheußlingen hat den Pokal gewonnen. Der Trainer kommt in die Umkleidekabine und hält eine überschwängliche Rede und endet mit: »... dafür hend ihr euch a rechte Erfrischung verdient. Los, Manne, mach's Feaschtr uf!«

Warum hat ein Schwabe eine leere Weinflasche im Kühlschrank?
Es könnte ja einmal jemand kommen, der keinen Durst hat.

So semmr halt

Verzweifelt fuchtelt einer, der in die Ulmer Donau gefallen ist, mit den Armen und ruft: »Au secour, au secour!«

Auf der Brücke steht ein alter Fischer und ruft ihm zu: »Oh Mändle, heddsch bessr schwemma g'lernt statt franzesisch!«

Im Pfandleihhaus von Echterdingen wird ein Mann vorstellig. »Ich möcht gern en Kredit über 100 Euro. Als Pfand ko i Ihne mein Daimler dolassa.«

Dem Pfandleiher kommt die Sache zwar etwas komisch vor, er lässt den Daimler aber in die Lagerhalle neben dem Echterdinger Flughafen fahren. Einen Monat später will der Mann sein Fahrzeug wieder auslösen.

»Des macht 100 Euro ond 5 Euro Zinsa.« Der Mann bezahlt und will sein Auto wieder holen.

Der Pfandleiher fragt ihn: »Jetzt dät mi aber doch intressiera, was die ganze Aktion zom bedeuta ghet hot?«

»Des isch ganz oifach. I war vier Wocha em Urlaub, ond wo ka mr scho in Flughafanähe en ganza Monat für femf Euro parka?«

Ein Mann betritt eine Apotheke und verlangt nach einem Präparat gegen den Durchfall. Die Apothekerin verkauft ihm etwas. Als der Mann die

So semmr halt

Apotheke verlassen hat, stellt die Apothekerin ent-
setzt fest, dass sie ihm statt eines Mittels gegen
Durchfall ein Beruhigungsmittel verkauft hat. Am
nächsten Tag betritt der Mann wieder die Apotheke.
Die Apothekerin erkennt ihn sofort und entschul-
digt sich ausdrücklich für das Missgeschick, das ihr
passiert war.

»Höret Se uff, so schlemm isch des net«, antwor-
tet der Mann, »i scheiß zwor emmer no en d' Hosa,
aber i reg me jetzt nemme drüber uff.«

Der Württemberger, der im Liegewagen oben
schläft, schläft den Schlaf der Gerechten. Da kratzt
die Frau unter ihm leise an seinem Bett und flüs-
tert: »Sen Sia wach?«

»Jo, jetzt scho«, raunzt der Württemberger.

»Do onda isch's so saukalt. Kenntat Sie net
gschwend aufstanda ond mir a Decke brenga?«,
fragt sie.

»I hätt do a bessere Idee. Sollat mr net so doa, als
ob mr vrheirotet wärat?«

»Au ja, descht a tolla Idee!«, flüstert sie lieblich
nach oben.

»Guat«, brummt der grobschlächtige Württem-
berger, »dann halt endlich dai Gosch ond hol dr dai
Decke selbr!«

So semmr halt

»Herr Ober«, fordert der Gast in einem Restaurant, »i möcht gern Garnela!«

»Jawohl, mein Herr«, dienert der Kellner, »sollen es portugiesische oder französische sein?«

»Deschd mir doch egal, i will jo schließlich net mit denne schwätza!«

Steht ein Rottenburger auf der Neckarbrücke und sieht, wie unten am Ufer einer kniet und aus dem Neckar Wasser trinkt. Er ruft hinunter: »He du, des kasch doch et saufa, do verrecksch jo!«

Darauf wendet dieser seinen Kopf zu dem Schreier und fragt im breitesten Sächsisch: »Nu, was haste gesacht?«

Darauf der Rottenburger: »Schee langsam weitersaufa!«

Der alte Pfarrer hat anlässlich der Trauerfeier für den verstorbenen Karle endlich wieder eine volle Dorfkirche. Er prangert den mangelnden Kirchenbesuch an und wendet sich an den aufgebahrten Sarg. »Karle, du warst bei allen sehr beliebt, doch bist du leider nie bei mir in der Kirche gewesen.«

Da tönt eine Stimme aus der Trauergemeinde: »Der wär ao jetzt net do, wemmern ed zo segsd do raigschloift heddad!«

Fraua
ond Männer

Dem Josef seine Frau ist nicht gerade das, was man eine Sexbombe nennen könnte. Im Bett liegt sie steif wie ein Brett und lässt sich kaum zu einer Gefühlsäußerung verleiten.

Als die beiden mal wieder ihren ehelichen Pflichten nachkommen, fordert der Josef seine Frau auf, doch mal zu stöhnen.

Sie versucht es: »Oh, oh, oh, war's beim ALDI heut mol wieder voll ...«

Hans-Hermann liegt auf dem Sterbebett. Seine Frau hält Nachtwache. Sie lässt seine zitternde, schweißnasse Hand nicht los. Tränen rinnen ihr über die Wange. Sie betet und durch ihr Gemurmel wacht Hans-Hermann aus seinem oberflächlichen Schlaf auf. Aus ausgemergelten, in tiefen dunklen Höhlen liegenden Augen sieht er sie an: »Liebe Rosi«, flüstert er leise.

»Sei ruhig, Schatz, ruh de a bissle aus, sag oifach nex!«

Doch er gibt keine Ruhe: »I muaß dir ebbes gestanda, bevor e nommgang!« Der Schweiß rinnt ihm von der Stirn und seine Hand verkrampft sich immer mehr.

»Du brauchsch mir nix gestanda«, antwortet die weinende Rosemarie, »es isch älles en Ordnung, schlof, Schatz.«

»Noi, Rosi, i muaß in Frieda sterba. I ...«, er holt pfeifend Luft, »i han's mit deira Schwester, mit deira beschta Freindin ond mit deira Muadr g'het!«

»I woiß«, antwortet ihm Rosi beruhigend, »dorom han i di jo au vergiftet!«

Ein Traum ist für den Frieder in Erfüllung gegangen: Ein Volltreffer im Lotto hat ihm zwei Millionen Euro beschert. Am nächsten Tag ruft ihn sein Chef zu sich und bietet ihm den Vorruhestand mit einer saftigen Abfindung an. Freudig nimmt er das Angebot an und freut sich auf ein Leben ohne Arbeit und ohne Sorgen.

Als er dann nach Hause kommt, die Tür öffnet und die Wohnstube betritt, sieht er seine Frau, mit der er über dreißig Jahre mehr schlecht als recht verheiratet war, tot auf dem Teppichboden liegen.

Er reibt sich freudig die Hände: »Wenn's amol lauft, no lauft's!«

»**Herr Doktr**, mit mir stimmt ebbes net«, klagt der 92-Jährige, »i glaub, i han Alzheimer!«

»Warum denn?«, fragt der Arzt.

»I lauf emmer de jonge Mädla noch!«

»Das ist doch ganz normal«, beruhigt der Arzt den rüstigen Rentner.

»Des scho«, klagt dieser weiter, »aber i woiß nemme, warom.«

Fraua
ond Männer

Ein Ehepaar streitet sich. »Schrei du ruhig«, brummt er gelassen, »des goht bei mir zom oana Ohr nae ond zom andara wiedr raus!«

»Koa Wonder«, zischt sie, »do ischt jo au nex drzwischa, was es aufhalda keet!«

Die Frau lässt sich auf dem Volksfest von einer Wahrsagerin die Zukunft deuten: »Ihr Mann wird eines gewaltsamen Todes sterben«, prophezeit die Wahrsagerin.

»Ond? Werd i freig'sprocha?«

Eine Gruppe von Männern sitzt schwitzend in der Sauna, als plötzlich und überraschend ein Handy klingelt. Einer der Männer greift zu dem Handy und antwortet: »Hallo?«

Die Frau am anderen Ende: »Schatz, bisch du's? Ond was send des für Geräusche? Bisch du scho in dr Sauna?«

»Jo.«

»Du, Schatz, i stand grad vor em Juweliergschäft in dr Königstroß und die hend do des Diamant-Kollier, des i scho emmer han wella. Kann i mir des bitte, bitte kaufe? Es isch au wirklich sensationell preisgünschtig, es koschtet kaum meh als 20 000 Euro!«

»Wie viel meh?«

Fraua
ond Männer

»28 000 Euro!«

»Also guat. Aber uf koin Fall meh als 28 000 Euro zahla. Verstanda?!«

»Des isch aber wirklich lieb von dir, Schatzi, weil mr grad scho drbei send: I ben vorher bei onserm BMW-Händler vorbeikomma und der hot doch grad mein Traumauto em A'gebot. Des hot genau die Farb ond Ausstattong, wo i emmer schon han wella. Der dät mir des Auto zom absoluta Sonderpreis von 80 000 Euro überlassa. Bitte, bitte, Schatzi, kann i mir des kaufa?«

»Also guat, Schatz, aber versuch da Preis no auf 75 000 Euro zum drücka!«

In diesem Moment erkennt sie, dass heute offensichtlich ihr Glückstag ist, und hakt sofort nach: »Schatz, du woisch doch, dass i des gern hätt, wenn mei Muadr bei ons leba dät. I woiß jo, dass du des net so gern mechtsch, aber kenntat mr net amol für drei Monat en Versuch macha, dann kannsch jo emmer no noi saga, wenn's net funktioniert.«

»Also guat, Schatz. No probieret mr's halt amol. Aber wenn's net klappt, no ...«

»Danke, Schatzi. I han di saumäßig lieb. I freu mi, wenn i di heut Obend seh. Ade, Schatzi!«

Der Mann legt auf und blickt fragend in die schwitzende Männerrunde: »Woiß irgend jemand, wem des Handy g'hert?«

Fraua
ond Männer

Ein Mann steht vor Gericht, weil er seine Frau erschlagen hat.

Richter: »Das ist ein äußerst brutales Verbrechen. Wenn Sie mit Milde rechnen wollen, dann müssen Sie uns schon eine gute Begründung geben!«

Angeklagter: »Also, Herr Richter, mei Frau war so saumäßig domm, dass e se han oifach erschlaga miassa! Passet Se auf, i erklär's Ihne. Mir hend en Diebenga en so ama Hochhaus g'lebt. Ond dr Hausmeister von dem Hochhaus hot lauter kleinwüchsige Kendr g'het. Der Zwölfjährige war 80 cm groß und dr Neunzehnjährige war bloß 90 cm groß. Des ischt scho ebbes Schlemms mit ausra Hausmoischtrfamilie.

›Jo‹, hot mei Frau g'sait, ›a richtigs Pyrenäageschlecht.‹

›Du moischt a Pygmäageschlecht!‹

›Noi‹, sagt mei Frau, ›Pygmäa, des isch des, was dr Mensch ondr dr Haut hot, on dodrvo kriagt mr Sommrsprossa!‹

›Des send Pigment!‹, han i g'sait.

›Awa«, sait mei Frau, ›Pigment, do hend die alde Römr druf g'schrieba!‹

›Des isch Pergament!‹

›Noi«, sagt mei Frau, ›Pergament isch, wenn an Dichter ebbes a'fangt ond et fertich dichtet!‹

Herr Richter, Sie kennat sich vorstella ... I jedafalls verschluck mir des Fragment, hock me en da Lehnstuhl ond fang a Zeitong leasa.

Plötzlich kommt mai Frau ond übersetzt en Satz aus ama französischa Buach: ›Das Sonnendach des Handtäschchens war die Lehrerin des Zuhälters 15.‹

Fraua
ond Männer

I nemm ra des Buach aus dr Hand ond fang a lesa ond sag: ›Aber Schatz, do stoht: La Marquise de Pompadour est la Maitresse de Louis XV. Des hoißt: Die Marquise von Pompadour war die Mätresse von Ludwig dem 15.!‹

›Noi‹, sagt mei Frau, ›des muasch du wörtlich übrsetza:

La Marquise – das Sonnendach

Pompadour – das Handtäschchen

La Maitresse – die Lehrerin

Louis XV – der Zuhälter 15.

Des woiß i ganz genau, i han jo schließlich extra fir mein Französischondrricht en Legionär a'gstellt!‹

›Du moinsch en Lektor!‹

›Noi‹, sait mai Frau, ›Lektor war en griechischer Held im Altertum.‹

›Ha a‹, han i gsait, ›des war dr Hektor, ond der war Trojaner!‹

›Noi«, sait mai Frau, ›Hektor isch a Flächamaß!‹

›Des ischt an Hektar!‹

›Noi«, sait mai Frau, ›Hektar ischt ein Göttertrank!‹

›Ha noi«, han i g'sait, ›des ischt dr Nektar!‹

›Noi«, sait mai Frau, ›Nektar, des isch der Fluss, wo durch onser schee's Schwobaländle fließt!‹

›Awa«, han i g'sait, ›des ischt dr Neckar!‹

›Noi«, sait mai Frau, ›du kennsch doch des scheene Liedle: Bald gras i am Nektar, bald gras i am Rain; des han i scho oft mit meira Freindin im Duo xonga!‹

›Des hoißt Duett!‹

›Noi‹, sait mai Frau, ›Duett ischt, wenn zwoi Manna mit Säbel ufanandr lausgangat.‹

Fraua
ond Männer

›Des ischt a Duell!‹

›Noi‹, sait mai Frau, ›Duell isch, wenn eine Eisabah aus ama donkla Bergloch rauskommt!‹

Sia, Herr Richter, no han i da Hammr gnomma ond han se totg'schlaga!«

Betretenes Schweigen, dann der Richter: »Freispruch – ich hätte sie schon bei Hektor erschlagen!«

Unterhalten sich zwei Freunde: »Was mechtscht du bei ma Super-Schäferstündle niemols höra?«

»Hallo Schatz, i ben wieder drhoim!«

Ein junges Ehepaar kommt in die Stammbar des Ehemannes. Dort lächelt ihm eine aufregende blonde Dame vertraulich zu.

Die Ehefrau fragt argwöhnisch: »Was isch'n des fir oina?«

Der Ehemann: »Fang du jetzt bloß net au no a. I wer's scho schwer gnuag han, ihra zom erklära, wer du bischt!«

Lange sitzen der Götz und seine Frau sich gegenüber, ohne ein Wort zu reden. Dann blickt er von der Zeitung auf und sagt: »Woisch du, was dr Ondrschied zwischa 'ra Geliebta ond 'ra Ehefrau ischt?«

»Noi«, sagt sie.

Darauf er: »Vierzig Kilo!«

Kurze Zeit darauf fragt sie: »Woisch du, was dr Ondrschied zwischa ma Geliebta ond ama Ehema ischt?«

»Noi«, antwortet er.

»Vierzig Minuta!«

»I kann nemme! I gang ens Wasser – ond da Hond nemme mit!«, brüllt die Ehefrau nach einem heftigen Streit.

»Kommt ibrhaupt net en Frog«, sagt ihr Mann, »dr Hond bleibt do!«

Kommt ein 94-Jähriger in heller Aufregung zum Arzt: »Herr Doktr, i verstand's oifach net, i verstand's oifach net, i verstand's oifach net«, sagt er. »I ben vieraneinzg Johr alt, mei Frau ischt dreißge ond kriagt a Kend. I verstand's oifach net.«

Sagt der Arzt: »Jetzt bleibat Se amol ganz ruhig. Stellat Se sich vor, sie gangat em Wald spaziera. Vor Ihne lauft en Has ibr da Weg. Sie hebat Ihr'n Spazierstock ond sagat PENG! Der Has fällt tot om.«

»Ha ja«, sagt der alte Mann, »do hot halt a andrer g'schossa.«

»Sehat Se«, sagt der Arzt, »Sie verstandet's doch!«

Fraua
ond Männer

Ein Mann betritt die Buchhandlung: »Griaß Gott, i hätt gern des Buach »Der Mann, der absolute Herr im Haus«.

Die Buchhändlerin: »Duat mr loid, aber Märchenbücher hemmr net!«

In der Warteschlange vor der Bushaltestelle steht eine junge, ungemein hübsche Frau. Sie trägt einen ganz engen Lederminirock mit passenden Lederstiefeln und Lederjacke. Der Bus kommt und sie ist an der Reihe einzusteigen. Als sie versucht das Bein zu heben, um die erste Stufe zu erklimmen, merkt sie, dass der Rock zu eng ist. Also greift sie nach hinten und zieht den Reißverschluss ein bisschen nach unten, um den Rock etwas weiter zu machen. Doch das hilft nicht, denn auch der zweite Zusteigversuch scheitert. Sie greift wieder nach hinten, um den Rock etwas mehr zu lockern, und zieht den Reißverschluss ein bisschen weiter runter. Vergebens, denn sie muss feststellen, dass die Beinfreiheit immer noch nicht ausreicht. Sie lächelt dem Busfahrer zu und öffnet den Reißverschluss nun ganz.

Da packt sie ein in der Warteschlange hinter ihr stehender Mann an der Hüfte und hebt sie grinsend in den Bus. Sie ist völlig empört und dreht sich um: »Saget Sie mol, was erlaubet Sie sich eigentlich. I kenn Sie jo net amol!« Darauf er: »Des stemmt scho, aber nochdem Sie mir jetzt dreimol da Hosalada ufg'macht hend, han i denkt, mir wäret Freind!«

47

Schaffa ond schaffa lassa!

Treffen sich zwei Freundinnen im mittleren Alter. »Ond, wia goht dr's?«, fragt die eine. »Guat«, sagt die andere, »i mach grad dr Fiehrerschei noch. I han scho 280 Fahrstonda.« »Ha, des ka doch et sei«, erwidert die eine. »Doch, doch«, bekräftigt die andere, »mei Fahrlehrer hot g'sait, jetzt no 20 Stonda ond no fahret mr vom Hof!«

Der Flaschnermeister zu seinem Stift: »'s geit Domme ond Saudomme. Von de Domme bischt du koinr!«

Ein Kundenbetreuer, ein Verantwortlicher für Marketing und der Chef sind zu Fuß auf dem Weg zu einer Besprechung. In einem Park finden sie eine Wunderlampe. Sie reiben sie und plötzlich erscheint ein Geist: »Normalerweise hat man drei Wünsche frei. Also kann jeder von euch einen Wunsch äußern, der ihm erfüllt werden wird.«

Der Kundenbetreuer: »I will z'erscht! I mecht auf de Bahamas sei, auf ma sehr schnella Schiff, ganz ohne Sorga!« Und pffffft, ist er weg.

»Jetzt i«, schreit der Marketingmann, »I mecht en dr Karibik sei, mit em schenschta Mädle vo dr ganze Welt, die mir da ganze Dag die beschte Drinks mixt.«

Pffft und weg ist auch er.

Schaffa ond schaffa lassa!

»Und Sie?«, fragt der Geist den Chef. Der Chef: »I will, dass die boide Idiota noch em Mittagessa wieder em Büro send!«

Der Elektromeister Strohm arbeitet gerade an einer komplizierten Schaltanlage. Da kommt der Azubi herein und er ruft ihm zu: »Schdell bloß da Strom net a, i schaff grad no an dr Leitu...uu...u...uuu...!«

Der Fritz fühlt sich hundeelend und sucht seinen alten Hausarzt auf, um sich gründlich durchchecken zu lassen. Als er eine Woche später das Ergebnis der Untersuchung erfragt, verkündet sein Arzt mit stoischer Ruhe: »Sag mr mol so: Du brauchsch dir om die steigende Zahl von Verkehrstote, um die zunehmende Kriminalität ond om d' Umweltvrschmutzong koine Sorga meh macha!«

Der Chef weist seinen neuen Angestellten an, den Hof zu kehren: »Jetzt nemmat Se mol den Beasa ond machat dohanna sauber!«

»Erlauben Sie mal, ich komme von der Universität«, erwidert der brüskierte Angestellte.

»Ach so, no zeig i Ihne erscht mol, wie's g'macht wird!«

Schaffa ond schaffa lassa!

Es gibt nur noch wenige Exemplare der Spezies »Schwäbischer Stuttgarter Taxifahrer«. Ein Nordlicht, mir dädat saga: en »Fischkopf«, besteigt am Stuttgarter Hauptbahnhof das Taxi unseres schwäbischen Landsmannes. Er lässt sich in die Polster fallen und schreit: »Ja, nun fahren Sie doch endlich los mit Ihrer Mistkarre!«

Gelassen dreht sich der Taxler zum Fahrgast um: »No net hudla, guatr Mo. Schließlich sotte erscht amol wissa, wo i da Mischt a'lada soll.«

Ein schwäbischer Stotterer kommt zum Metzger. »Saget Se mol, hend Sie Schnininini-nitzel?« Der Metzger: »Aber natürlich.« »Ja ond hehe-hend Sia au Kkkk-kottlet?« »Aber natürlich!« »Ja oooo-ond hehehe-hend Sia au Lälä-läberkäs?«

Etwas ungehalten zischt der Metzgermeister: »Ja, auch das haben wir!«

»Hehehe-hend Sia auch Schwschw-Schweinszüngle?« Herrscht der Metzger den Stotterer an: »Ja, wir haben auch Schweinszüngle!«

Schlusswort des Stotterers: »No kkkk-kennet Se mi am Arsch lecka!«

Jeden Morgen weckt der schwäbische Kammerdiener aus Niederstotzingen den Papst mit den Worten: »Heiliger Vater, es ist fünf Uhr und die

Schaffa ond schaffa lassa!

Sonne steht hoch über Rom.« Stets antwortet der Papst mit den Worten: »Mein Sohn, der liebe Gott und ich wissen es schon.« Eines Tages verschläft der Kammerdiener um zwei Stunden, sagt aber sein gewohntes Sprüchlein auf; der Papst antwortet wie üblich: »Mein Sohn, der liebe Gott und ich wissen es schon.« – »An Scheißdreck wissat'r! 's isch schau siebane ond's saicht, was ra ka!«

Kurz vor Schluss betritt ein bewaffneter Maskierter die Volksbank und zwingt die Angestellten, sich hinzulegen. Alle folgen der Anweisung und legen sich schweigend auf die Erde. Während alle auf dem Bauch liegen, hat sich die flotte Petra auf den Rücken gelegt. Das sieht der Zweigstellenleiter: »Fräulein Stützle, leget Se sich a'ständig na. Des ischt en Bankibrfall ond koi Betriebsausflug!«

Ein Schwabe fällt vom Dach. Er fliegt am Küchenfenster vorbei und ruft: »Marie, heut kannsch 's Mittagessa schbara, I ess im Mariaschbidal!«

»Herr Direktor, Ihr Gattin isch am Telefo ond frogt, wo Sia am Sonntag noch em Wischa des Scheuerpulver na'gräumt hend?«

Schaffa ond schaffa lassa!

Drei Sekretärinnen sitzen beim Kaffeeklatsch zusammen.

Die Erste: »Stellat euch amol vor, I han em Chef seiner Schreibtischschublad a Päckle Pariser gefonda!«

Die Zweite: »Ond i han mit ama Nädele lauter Löcher neig'macht!«

Die Dritte: »Oh jeh, i glaub, mir wird's schlecht!«

Ein Mann in einem Heißluftballon hat sich verirrt. Er geht tiefer und sichtet eine Frau am Boden. Er lässt sich noch tiefer sinken und ruft: »'tschuldigung, i han mi verirrt. I han meim Freind vrsprocha, dass e enra Stond bei em be. Kennat Sia mir saga, wo'ne be?«

Die Frau am Boden ruft hinauf: »Sie send ema Heißluftballoo ogfähr zeh' Meter hoch. Ihr Positio ischt zwischa 40 und 41 Grad nördlicher Breite ond zwischa 59 ond 60 Grad westlicher Länge.«

»Ha no!«, sagt der Ballonfahrer anerkennend, »Sie missat Ingenieurin sei!«

»Stemmt«, antwortet die Frau, »woher wissat Se des?«

»Älles, was Sie mir gsait hend, isch technisch korrekt, aber i han koi Ahnong, was i mit Ihre Informationa afanga soll, ond Fakt isch, dass i äwwl no et woiß, moni be! Offa g'sait, Sia warat koi grauße Hilf. Sia hend höggschdens mei Reise no vrzögert!«

Die Frau antwortet: »Sie missat em Mänätschment schaffa!«

52

Schaffa ond schaffa lassa!

»Jo«, antwortet der Ballonfahrer, »aber woher wissat Se des?«

»Des ischt so«, antwortet die Frau, »Sia wissat weder, wo se send ond wona Se fahrat. Sie send aufgrund von ra großa Menge heißer Luft in Ihr jetzige Positio komma. Sie hend a Versprecha g'macht, des Se net halda kennat ond erwartet von de Leut ondr Ihne, dass se Ihre Problem lösat. Tatsach ischt, dass Sie en dr gleicha Lage send wie vor onserm Treffa, aber jetzt ben i irgendwie schuldeg!«

Drei Schwaben – ein oberschwäbischer Jäger, ein Neckar-Fischer und ein Stuttgarter Landespolitiker – sind auf der beschwerlichen Reise unterwegs ins Jenseits. Nach einer Weile kommen sie zu einem Sumpf der Lüge, den sie durchwaten müssen. Je mehr jemand auf Erden gelogen hat, umso tiefer sinkt er ein. Der Waidmann, der in seinem Leben schon Unmengen Jägerlatein verzapft hat, ist im Nu bis zur Brust eingesunken. Als er sich verzweifelt umdreht, sieht er den Fischer nur bis zu den Knöcheln im Morast stecken. Verwundert ruft er ihm zu: »Ha, wie goht denn so ebbes, du hosch doch am Stammtisch aus jedem mickriga Stichling en ganz kapitala Hecht g'macht!«

»Pst! Pst!«, erwidert da der Jünger Petri. »I stand auf em Politiker ...«

Schaffa ond schaffa lassa!

Drei Ingenieurstudenten stehen zusammen und diskutieren die möglichen Entwickler des menschlichen Körpers.

Der eine sagt: »Des war en Maschinabauer. Guckat eich bloß amol die Glenk a!«

Darauf der Zweite: »Noi, noi, des war en Elektroingenieur. Des Nervasyschtem hot tausende von elektrische Verbindonga!«

Der Letzte: »En Wirklichkeit war des en Bauingenieur. Wer sonscht dät a Abwasserleitong mitta durch a Vergnügongszentrom loita!«

Jesus und der Heilige Geist spielen Golf. Jesus schlägt ab – der Ball bleibt fünf Zentimeter vor dem Loch liegen. Da kommt eine Maus aus dem Loch gekrochen und frisst den Ball. Plötzlich kommt eine Schlange und verschlingt die Maus. Da stürzt ein Adler vom Himmel herab und greift sich die Schlange. Plötzlich ein Gewitter, ein Blitz zuckt herab und trifft den Adler. Der Adler stürzt zu Boden – genau in das Loch.

Sagt der Heilige Geist zu Jesus: »Also, was jetzt – schpielat mr jetzt Golf oder demr romkäschparla?«

Treffen sich zwei Hellseher. Sagt der eine: »Gosch mit?«

Der andere: »Noi, do war i scho!«

Ons're sympathische badische Landsleut

... Gelbfiaßler

Der liebe Gott ist seit sechs Tagen nicht mehr gesehen worden. Am siebten Tag findet ihn der heilige Petrus und fragt: »Herr, wo waret Ihr denn in dr letschta Woch?«

Gott zeigt nach unten durch die Wolken und sagt stolz: »Do guck na, was i doa han!« Petrus guckt und fragt: »Was isch des?«

Gott antwortet: »Des isch en Planet, do han i 's Leaba ei'grichtet. I werd des Deng Erde nenna und 's wird a Deng sei mit ama o'heimlicha Gleichg'wicht.«

»Gleichg'wicht?«, fragt Petrus.

Gott erklärt, während er auf unterschiedliche Stellen der Erde zeigt. »Pass uf, Petrus, was i dir sag: Zom Beispiel Nordamerika wird sehr wohlhabend, aber Südamerika sehr arm sei. On dort han i a Fleckle mit weiße Leute, ond do mit schwarze. Manche Länder send arg hoiß ond trocka, andere send mit ra dicka Eisschicht ibrzoga.«

Petrus ist von Gottes Arbeit sehr beeindruckt. Er guckt sich die Erde genauer an und fragt: »Und was isch des do?«

»Des«, sagt dr Herrgott, »isch 's Schwobaländle! Des schönschte ond beschte Fleckle uf dr ganze Welt. Da gibt's bloß nette Leut, traumhafte Flüss' ond Wälder, idyllische Landschafta ond gemütliche Wirtshäuser, ond 's isch a Zentrom für Kultur ond Wirtschaft. D' Leut aus Württaberg send net bloß schöner ond gscheiter, sie send au luschtiger ond gschickter. Sie send sehr leutselig, fleißig ond leischtungsfähig.«

Ons're sympathische badische Landsleut

Petrus ist zutiefst beeindruckt, fragt Gott jedoch: »Aber liebr Gott, was isch denn do mit em Gleichg'wicht? Ihr hend doch gsait, dass es a o'heimlichs Gleichg'wicht isch auf dera Erde?«

»Mach dir koine Sorga«, sagt Gott, »des passt scho, wart amol ab, bis i dir die Bachel zoigt han, moni nebana noch Baden g'setzt hau!«

Mit Villingen und Schwenningen sind vor über dreißig Jahren eine badische und eine württembergische Stadt zusammengeschlossen worden. Der Unterschied wird deutlich, wenn man die Wahlsprüche liest, die in den Kantinen der Stadtverwaltung aufgehängt sind.

Im badischen Villingen heißt es: »Wer guet schaffe will, muss zuerscht guet esse. Und wer guet gesse het, mueß schlofe!«

Im schwäbischen Schwenningen dagegen kann man lesen: »Zu dritt schaffa, zu zwoit schlofa ond alloi erba!«

Warum dürfen in Baden keine Langnese-Fahnen an den Kiosken befestigt werden?

Weil sie bei den letzten Wahlen in Baden über achtzig Prozent der Stimmen erhalten haben.

Ons're sympathische badische Landsleut

In einem Offenburger Lokal sucht ein Badner in der überfüllten Gaststube einen noch freien Platz. An einem Zweiertisch im hintersten Eck entdeckt er eine einzelne Person – offensichtlich ein Schwabe.

»Guete Tag«, sagt der Badner fröhlich.

Der Schwabe würdigt ihn keines Blickes.

»Isch de Platz nebe Ihne noch frei?«

Der Schwabe äußert sich nicht und futtert genüsslich weiter.

Der Badner setzt sich neben ihn und wünscht: »Guete Appetit!«

Wieder kommt keinerlei Reaktion. Eine Dame mit Sammelbüchse betritt den Raum, tippt dem Badner auf die Schulter: »Mir sammlet für d' Caritas.«

Sofort greift er zum Portemonnaie und spendet fünf Euro.

Daraufhin streckt die Dame dem Schwaben die Büchse entgegen mit denselben Worten. Der hebt nun erstmals sein Haupt vom Teller, deutet auf den Badner und sagt: »Mir g'herat z'samma!«

Im Zug von Karlsruhe über Stuttgart nach München sitzen ein Schwabe, ein Badner, ein junges Mädchen und ihre Mutter beieinander. Der Zug fährt in einen Tunnel ein. Es wird dunkel und man hört ein lautes Schmatzen und ein noch lauteres Klatschen. Der Zug verlässt den Tunnel wieder und es wird hell. Man sieht den Badenser, der sich die gerötete Wange reibt.

Die Mutter denkt: »Jetzt hot sich der Gelbfiäßler an mei Tochtr ranmacha wella, on die hot em glei oine zonda, bravo!«

Die Tochter denkt: »Wahrscheinlich hat der mi küssa wölla, hot aber d' Mama verwischt.«

Der Badenser denkt: »So ein verdammter Sauschwob. Er küsst des Maidli und ich krieg eini g'schosse!«

Der Schwabe denkt: »Ha, des hot jo super klappt! Em näggschda Tunnel küss i mir wieder d' Hand on no hau i dem Badenser wieder oine an d' Gosch, dass 's klappert!«

Inserat in der Badischen Zeitung: »Schwarzwälder Bäuerin mit Obergebiss sucht Bauern mit Untergebiss zwecks gemeinsamer Mahlzeiten.«

Warum bauen Badner Schulen auf einen Berg?

Damit sie auch mal auf die höhere Schule gehen können!

Sagt ein Badner zum anderen: »Du, am Fritig goht d' Welt unter!«

Darauf der andere: »Sell macht nüt. Da bin ich bi Verwandte in Karlsruh.«

Ons're sympathische badische Landsleut

Ein Schweizer breitet im Winter Mist auf dem zugefrorenen Bodensee bei Kreuzlingen aus. Ein hinzugekommener Schwabe sagt: »Du Depp, wenn des Eis im Frühjohr taut, no versinkt dein ganzer Mischt im See!«

Darauf der Schweizer: »Halt doch dini Schnörre, spöhter kunnt a Badner, der will den Acker chaufe!«

Im Himmel herrscht ein reges Gewusel. Der Neuankömmling ist irritiert. Als er zufällig Petrus am Himmelsschlüssel erkennt, frägt er diesen: »Saget Se mol, Heiliger Petrus, was isch denn do em Hemml bloß los? I han emmr denkt, hier sei älles ruhig ond beschaulich.«

Darauf der Heilige Petrus: »Wissen Sie, auch unser Herrgott macht mal Fehler und jetzt haben wir gerade eine Rückrufaktion für Badner!«

Ein Badner muss nach Stuttgart, um im Amt vorzusprechen. Auf dem Weg in die Landeshauptstadt ist sein Fahrzeug aber sehr schmutzig geworden. So möchte er sich aber nicht präsentieren. Zu Hause wäscht er sein Auto immer selbst. Er hat aber schon von automatischen Autowaschanlagen gehört und beschließt deshalb mutig, eine solche aufzusuchen. Der Inhaber weist ihn ein: »Sie müssat oifach dene Schilder folga, no kann gar nix passiera!«

Ons're sympathische badische Landsleut

Wenige Minuten später kommt der Badner alleine ohne Auto aus der Waschstraße. Er ist patschnass.

»Ja, um Gottes willa, was isch denn mit Ihne bassiert, hend Se net die Schilder beachtet?«, fragt der Waschstraßenbesitzer.

»Ha doch«, antwortet der triefende Badner, »uf sellem Schild isch g'schdonde: »Gang raus!«

Der Herrgott saß auf dem Feldberg und schnitzte Schwaben – und alles, was nix wurde, hat er, zack über die linke Schulter nach hinten in den Titisee geworfen. Alle Fehlversuche sind also baden gegangen. So sind die Badner entstanden.

Ein Urlauber geht im Schwarzwald zum Dorffriseur, um sich rasieren zu lassen. Der macht nicht lange rum, spuckt in die Schale und macht Schaum. Entsetzt meint der Sommerfrischler: »Sag'n Se mal, machen Se dat immer so?«

Darauf der Friseur: »He nai, bloß bi eich Luftwegschnapper, bi Eiheimische spugg i immer gli ins Gsiicht!«

Wie nennt man in Baden einen attraktiven Mann?
Tourist.

Ons're sympathische badische Landsleut

Ein Badner macht Urlaub in Afrika und kommt dabei auch an einem seltsamen Strand vorbei. Ein Kannibale preist menschliches Hirn an. Der Badner will wissen, wozu das gut sein soll.

Der Kannibale erklärt: »Wenn man fremdes Hirn isst, wird das eigene Hirn leistungsfähiger!«

Das leuchtet dem Badner ein und er liest das Angebot: Bayernhirn 100 Dollar je Pfund, Schwabenhirn 200 Dollar je Pfund, Badnerhirn 500 Dollar je Pfund. Der Badner ist ganz stolz, dass ausgerechnet badisches Hirn den teuersten Preis erzielt. Er will wissen, warum das so ist.

Der Kannibale erklärt es ihm: »Badisches Hirn ist deshalb so teuer, weil wir viel mehr Badner erlegen müssen, um ein Pfund zusammenzukriegen!«

»**I werd emmer gfrogt**, ob i ebbes gega Badner hätt«, erklärt der patriotische Württemberger. »Aber i muaß amol deutlich erkläre: Des stimmt net. I han nix gega Badner – zumindescht nix, was hilft!«

Ein Schwabe, ein Badner und ein Franke werden in Saudi-Arabien beim dort strengstens verbotenen Genuss von Alkohol erwischt. Der Sultan lässt sie vorführen, sieht sie sich genauestens an und sagt dann: »Für den Konsum von Alkohol bekommt ihr eine Strafe von 50 Peitschenhieben. Aber da ihr Ausländer seid und keine Kenntnis von dem Verbot hattet, will ich gnädig zu euch sein. Ihr habt vor der Strafe einen Wunsch frei. Fang du an, Badner!«

»Ich wünsch mr, dass me mir e Kisse uf de Buggel bindet, bevor me mich uspeitscht!«

Der Wunsch wird ihm erfüllt, aber das Kissen ist nach 25 Peitschenhieben bereits zerfetzt.

Der Franke sieht das und wünscht sich deshalb, dass ihm zwei Kissen auf den Rücken gebunden werden. Doch leider reißen auch hier die Kissen frühzeitig.

Da wendet sich der Sultan dem Schwaben zu. Da er ein großer Freund schwäbischer Autos ist, gewährt er dem Schwaben zwei Wünsche.

»Guat«, sagt der Schwabe, »i hätt gern als Erschtes 100 Peitschahieb statt bloß fuffzig!«

Der Badner und der Franke schauen sich entgeistert an. Der Sultan sagt: »Ich verstehe es zwar nicht, aber es sei dir die doppelte Zahl an Hieben gewährt. Und wie ist dein zweiter Wunsch?«

Darauf der Schwabe: »Bindet mir den Badner auf da Rücka!«

Der Richter zum Hippenseppenbauern von der Baar: »Angeklagter, Sie werde freig'sproche, weil mir Ihne den Bankraub it nochwiese könne!«

»Subbr. Heisst des, ich cha des Geld b'halte?«

Ons're sympathische badische Landsleut

Kurz nach der Geburt wacht das Baby auf und sagt: »$a^2 + b^2 = c^2$.«

Daraufhin meint der Arzt: »Oje, des isch viel zu g'fährlich. Des Kend isch viel z' schlau. Do sottat mr glei fuffzich Prozent vom Gehirn rausoperiera.«

Nach der gelungenen Operation sagt der Kleine: »$a^2 + b^2 = c^2$.«

»Der IQ isch emmr no z' hoch!« Also wird der Rest des Gehirns auch noch herausoperiert und stattdessen ein altes Weckle eingesetzt.

Als das Kind nun am Tag nach der Operation aufwacht, steht es sofort auf, legt die rechte Hand ans Herz und singt: »Das schönste Land in Deutschlands Gau'n, das ist mein Bad'nerland ...«

Ein Raumschiff im Weltall. Die Besatzung besteht aus zwei schwäbisch-hällischen Landschweinen und einem Badner.

Bodenstation an Schwein 1: »Roten Knopf drücken!«

Schwein 1: »Knopf gedrückt.«

Bodenstation an Schwein 2: »Blauen Knopf drücken!«

Schwein 2: »Knopf gedrückt.«

Bodenstation an Badner: »...«

»Jo, jo, i waiß: Säu füttere ond bloß kain Knopf anlange!«

Beruf ond Berufong

Beruf ond Berufong

Der Schäfer sorgt mit seiner Herde für den Erhalt der typischen schwäbischen Alblandschaft. Mit seinem schwarzen Schäferkittel und dem großen breitrandigen Hut lehnt er auf seiner Schippe, als plötzlich eine große Staubwolke ausgelöst von einem Mercedes SLK auf ihn zukommt.

Ein junger Mann im Boss-Anzug, YSL-Krawatte, Cerutti-Schuhen und Ray-Ban-Brille kommt auf ihn zu und fragt: »Wenn ich herausfinde, wie viel Schafe Sie haben, bekomme ich dann eines der Tiere?«

Der Albschäfer schaut den jungen Mann an, lässt seinen Blick über die grasende Herde schweifen und sagt ruhig, mit dem Wissen, dass das der Mann niemals herausbekommen würde: »En Ordnong!«

Der junge Mann steigt in seinen Mercedes ein, verbindet sein Notebook mit seinem Handy, geht im Internet auf die Seite der NASA und scannt die Gegend mit Hilfe seines GPS-Satellitennavigationssystems. Nun öffnet er eine Excel-Datenbank und verknüpft die Scandaten mit einer Unmenge von Formeln. Schließlich druckt er einen 200-seitigen Ergebnisbericht auf seinem Mini-Tintenstrahldrucker und präsentiert dem Schäfer sein Ergebnis: »Sie haben hier exakt 1874 Schafe.«

»Des isch richtig«, sagt der Schäfer, »suchet Se sich ois aus!« Der junge Mann blickt über die Herde, schnappt sich eines der Tiere und lädt es in seinen Mercedes ein.

Doch ein Albschäfer wäre kein Schäfer, wenn er das einfach so hinnehmen würde. »Wenn i verrota

Beruf ond
Berufong

dua, was Sia von Beruf send, kriag i no des Tierle wieder z'rück?«

Der junge Mann antwortet: »Klar, warum denn nicht.«

»Sia send Unternehmensberater«, sagt der Schäfer.

»Das ist richtig. Woher wissen Sie das?«

»Desch'd ganz oifach«, sagt der Schäfer. »Erschtens kommat Sia hierher, obwohl Sia koiner g'rufa hot. Zwoitens wellat Sia a Tierle als Bezahlong dodrfir han, dass Sia mir ebbes sagat, was i jo sowieso woiß. Ond drittens hen Sia koi Ahnong vo dem, was i duar! Kennt i vielleicht jetzt wiedr mein Hond z'rückkriaga?«

Der Fallschirmspringer hüpft aus dem Flugzeug. Nach einiger Zeit zieht er an der Reißleine, aber der Fallschirm will sich nicht öffnen. Auch der Ersatzschirm reagiert nicht. Plötzlich kommt ihm von unten ein Mann mit einem Schraubenschlüssel entgegen.

»Reparierat Sie Fallschirm?«

»Noi, Gasleitunga!«

Am Fahrkartenschalter bei der Bahn fragt ein Kunde: »Gibt es eine billigere Klasse als die 2. Klasse?«

Der schwäbische Bahnbeamte: »Jo, scho, aber dodrfir brauchat Se a Fell ond a Schnauze!«

Beruf ond
Berufong

»**Wenn Sie den Kachelofa** nemmat, no brauchet Se bloß no halb so viel Holz, wie Se bisher braucht hend!«, preist der Ofensetzer sein Produkt an.

Mit ironischer Schläue reagiert der schwäbische Häuslesbauer auf die Übertreibung des Ofensetzers: »Ha, des ischt g'schickt, no nemme zwoi, no brauch i gar kois meh!«

Der Tälesbeck ist bekannt dafür, dass er manchmal das Gebäck vom Vortag als frisches verkauft.

Die Kundin betritt den Laden und bestellt Brötchen: »I mecht femf Wecka, aber bitte von heut!«

Darauf der Bäcker: »No missat Se morga wieder komma!«

Der Haberfelder hat mächtig Respekt vor dem Zahnarzt. Schließlich bleibt ihm keine andere Möglichkeit und er muss »zom Dentischta«, weil ihn seine Schmerzen arg plagen.

Die Helferin führt ihn zum Stuhl und bindet ihm das Sabberlätzle um. Der Zahnarzt betritt das Behandlungszimmer, legt den Haberfelder in die Horizontale, bittet ihn, den Mund weit aufzumachen, als er plötzlich einen festen Griff im Gemächt verspürt. Erstaunt schaut er den Haberfelder an. Der aber grinst von einem Ohr zum anderen und sagt: »Gell, Herr Doktr, mir wellat schee aufpassa, dass mr ons net gegaseitig wehdehnt!«

»Um acht Uhr hätten Sie hier sein sollen«, knurrt der Chef.

»Wieso, war ebbes B'sonders los?«

Ein Mann geht mit seinem Hund an einem See spazieren. Plötzlich sieht er, wie sich eine Frau mit letzter Kraft über Wasser hält und dann bewusstlos zu versinken beginnt. Er springt ins Wasser, packt die Frau und zieht sie ans Ufer. Er legt sie auf den Rücken und beginnt mit ihren Armen pumpende Bewegungen zu machen. Jedes Mal kommt ein dicker Wasserstrahl aus ihrem Mund geschossen. Ein Fahrradfahrer hat inzwischen angehalten, schaut dem Treiben zu und schüttelt den Kopf. Der Mann pumpt weiter und immer wieder kommt ein Wasserstrahl aus dem Mund der Frau. Der Fahrradfahrer schüttelt weiter den Kopf und meint: »Sia, so wird des fei nix!«

»Mensch, seien Sie still! Ich weiß, was ich tue, ich bin Arzt.«

»Des ka jo sei«, meint der andere, »aber ich bin Inschdalladör, und ich sag Ihne, solang die Frau mit ihrem Arsch em Wasser liegt, pumpet Sie höchstens den See leer.«

Beruf ond Berufong

Ein Taxifahrer wird von einem hübschen weiblichen Fahrgast gebeten, noch mit in die Wohnung zu kommen. Er fühlt sich geschmeichelt und kommt gerne mit, weil er sich davon ein erotisches Abenteuer verspricht. In der Wohnung angekommen, sagt die Frau: »Zieget Sie sich scho mol aus, i komm dann glei zu Ihne«, und geht in den Nebenraum. Der Taxifahrer zieht sich also aus und schaut erwartungsvoll zur Tür. Da kommt auch schon wieder die Frau, gefolgt von drei Kindern, und sagt: »Guggat her, Kender, so wiascht werdet ihr mol ausseha, wenn ihr net emmer brav aufessat!«

»Sagen Sie mal«, fragt der Arbeitsrichter, »warum haben Sie denn Ihren Arbeitsplatz auf dem Bauernhof verlassen?«

»Wisset Se, Herr Richter, des war so: Z'erscht isch d' Kuah verreckt. No hot's sechs Wocha lang bloß Rindfloisch geba. No isch d' Sau krepiert. No hot's drei Wocha lang bloß Schweinernes geba.«

Da entgegnet der Richter: »Das ist doch kein Grund, wegzulaufen!«

»Ja scho«, erwidert der Angeklagte, »aber no isch d' Oma g'storba. Ond no han i mir denkt: Nix wia weg!«

Pfarrer ond anders Geischtlichs

Pfarrer ond anders Geischtlichs

Ein katholischer, ein evangelischer und ein jüdischer Geistlicher unterhalten sich über die Frage, wann das Leben beginnt. Der katholische Schwarzwälder Priester: »'s Leba fangt im Augenblick dr Zeugong a.« Der evangelische Unterländer Pfarrer: »Also i ben dr Übrzeugong, dass 's Leba mit dr Geburt afangt!«

»Da teischn Se sich«, erklärt der Rabbi den beiden. »Das Leben fängt an, wenn die Frau gestorben und die Kinder aus dem Haus sind!«

Bei einem Wengerter im Remstal war es üblich, während der Weinlese die Eimer und Butten auch über Nacht im Wengert stehen zu lassen. Als es eines Nachts heftig geregnet hatte und die Kübel voll mit Wasser waren, fragte eine Erntehelferin den Wengerter, ob man das Regenwasser ausleeren solle. Darauf der Wengerter: »Om dr Jeromswilla noi. Lassat's bloß drenna. Was Gott, der Herr, tut, das ischt wohlgetan!«

Hochwürden hat eine neue Haushälterin bekommen, weil die alte in Ruhestand gehen will. Eine zeitlang will die alte »Hausere« die junge aber noch einlernen. Da platzt dem Pfarrer ein Knopf am Hosenladen ab. Bei sich denkt er: »Den kann i die Jong no net nanäha lassa.« Die alte Hausere holt

Pfarrer ond anders Geischtlichs

flink Nadel und Faden und beginnt den Knopf wieder anzunähen. Weil es Hochwürden aber eilig hat, lässt er die Hose einfach an. Etwas umständlich fingert die Hausere an der Hosentür herum, da regt sich inwendig beim Herrn Pfarrer etwas.

Freudig registriert die alte Haushälterin diese Regung: »Oh, Hochwürden, er kennt mich noch.«

Der Bischof kommt zur Visitation eines Landgeistlichen. Bei einem Rundgang durch das Haus stellt der Bischof fest, dass der Geistliche ein Doppelbett hat, das in der Mitte durch ein rund 30 Zentimeter hohes Brett geteilt ist. Hochwürden erklärt: »Wisst Se, Herr Bischof, i schlof rechts ond mei Hausere schloft links.«

»Aber sagen Sie, Hochwürden, was tun Sie denn, wenn die Versuchung über Sie kommt?«

»Ha, des isch ganz oifach«, erklärt der Dorfpfarrer, »no nemmat mr 's Brett weg!«

»**Wissat Sie eigentlich**, welches Inschtrument onser Herrgott spielt?«

»Wieso net, des stoht doch scho em Vaddronser: Vater onser, der Tubist im Himmel ...«

Pfarrer ond anders Geischtlichs

»**Du**, dr Pabscht isch g'storba!«

»Ja, worom denn net, wemmr sich beruflich verbessra ka!«

»**Sag amol, Eugen**, bei dir woiß mr au net, wen de liabr mogsch, dai Frau oder dai Trompet?«, fragt der Pfarrer den Eugen in einem vertraulichen Gespräch.

»Desch doch klar, dass des mei Trompetle isch«, klärt ihn der Eugen auf, »bei dera ka i 's Mundstück wegmacha!«

»**Hosch scho g'hert**, jetzt hend se schau wiedr en Katholischa zom Pabscht g'wählt!«

»Awa, des het i au net denkt!«

Ein altes Fräulein, hoch in den Achtzigern, liegt im Sterben. Der Pfarrer besucht sie und fragt, ob sie denn nicht noch einen unerfüllten Wunsch habe, den sie, bevor es zu Ende geht, erfüllt haben möchte. »Jo«, erwidert das alte Fräulein, »i mecht gern no amol so richtig g'herzt ond druckt werda. Sie, Herr Pfarrer, des isch mir glatt hondert Euro wert!«

Diesen letzten Dienst kann der Pfarrer nicht selbst übernehmen, so geht er zum Haus hinaus und überlegt, wenn er dafür gewinnen könnte. Just

Pfarrer ond anders Geischtlichs

in diesem Augenblick kommt der Schmied vorbei. Diesem erläutert er den Wunsch des alten Fräuleins.

Der Schmied denkt bei sich: »Die hondert Euro send leicht verdient«, und macht sich auf zum Haus des alten Fräuleins. Als der Pfarrer am nächsten Tag nach dem Rechten sehen will, findet er den Schmied alleine im Bett des alten Fräuleins.

»Ja, Schmied, sag amol, wo isch denn des alte Frailein?«

Darauf der Schmied selbstbewusst: »Ha, die isch auf d' Bank, nomol femfhondert Euro hola!«

Ein junger Geistlicher wird in einen Weinort versetzt, um dort dem alten, schon etwas gebrechlichen Hochwürden zur Hand zu gehen. Eines Sonntags darf der junge Vikar erstmals eine Messe lesen. Er ist natürlich etwas aufgeregt und trinkt sich deshalb vor der Messe mit ein paar Gläsle Messwein Mut an. Nachdem alles vorbei ist, geht der Vikar zu Hochwürden und fragt: »Hochwürden, waret Sie mit meiner Predigt z'frieda?«

»Doch, doch, sie war ganz guat. Sie hend bloß drei Fehler g'macht: Erschtens war die von Ihne zitierte Hochzeit in Kanaan on net in Cannstatt. Zweitens hot ma da Jesus kreuzigt ond net g'hängt. Ond drittens hoißt's am Ende von ra Predigt emmr no Amen ond net Proscht!«

Pfarrer ond anders
Geischtlichs

Der Papst unterhält sich mit einem Bischof: »Mein Sohn, eine solch hübsche Haushälterin und ein Doppelbett? Wie passt denn das zusammen? Was tust du, mein Sohn, wenn dich die Fleischeslust einmal überfällt?«

»Des isch doch ganz oifach – i schrei meim Hond ond no gang i a paar Schtond mit dem spaziera, bis des G'fühl wieder aufhört.«

»Und was tut deine Haushälterin, wenn sie die Fleischeslust überfällt?«, will der Papst wissen.

»Ha, dann isch sia dra, mit dem Hond auf d' Gass zom ganga«, erläutert der Bischof.

»Und wenn euch beide einmal gleichzeitig die Fleischeslust heimsucht?«, lässt der Papst nicht locker.

»Au do dra hemm'r denkt, heiliger Vatter. Mittlerweile kennt dr Hond dr Weg von ganz alloi.«

Ein sehr frommer schwäbischer Pfarrer war zur Kur in Bad Buchau. Nach seinen Behandlungen pflegte er ausgedehnte Spaziergänge in die moorige Landschaft zu machen. Doch einmal hat er nicht aufgepasst, ist in ein Moorloch getreten und begann ganz langsam zu versinken. Nach einigen Stoßgebeten rief er laut um Hilfe: »Oh liebr Herrgott, hilf mir ond lass mi net versinka.«

Sein Schreien wurde erhört und die Feuerwehr trat an, ihn aus seinem feuchten Gefängnis zu befreien. Doch diese Hilfe lehnte er zwei Mal brüsk ab: »Gangat wieder, mein Herrgott wird mir scho helfa.« Doch der Pfarrer sank weiter im Moor ein.

Flehend schrie ihn der Feuerwehrkommandant an: »Hochwürden, wenn Se jetzt net zugreifat, no versaufat Se em Moorloch.«

»Geh nur, mein Sohn, mein Herrgott wird mir scho helfa!« Sprach's und versank vollends im Moor. Als er dann, wie es sich für so einen frommen Mann gehört, im Himmel ankommt, verlangt er sofort zum Chef vorgelassen zu werden.

Als er vor den großen Thron tritt, giftet er den Herrgott an: »I war so a frommer Mensch, han mei Leba lang nix Bös doa ond älle Leut bloß g'holfa ond i han so arg an di glaubt, lieber Gott. Warom hosch du mi net erhört ond mi so elendiglich versaufa lassa?«

Darauf kann der Herrgott – der ja bekanntlich auch Schwabe ist – nur sagen: »Mei Lieberle, meh wia drei Mol d' Fuierwehr schicka ka i au it!«

»**Mai Kanariavogl** isch o'heimlich musikalisch«, erzählt die Pfarrhaushälterin von Saulgau ihrer Freundin.

»Sengt'r so schee?« will diese wissen.

»Noi, aber jedes Mol, wenn dr Saulgauer Kirchachor em Pfarrhaus probt, hockt 'r sich ens Eck ond heult!«

Pfarrer ond anders Geischtlichs

Der Pfarrer von Uhlbach ist mit seinem Mesner im Ochsen eingekehrt. Beim Philosophieren über Gott und die Welt merken die beiden gar nicht, dass sie schon längst mehr als einen über den Durst getrunken haben. Kurz nach Mitternacht torkeln die beiden nach Hause. Immer wieder stürzen sie. Beim vierten Sturz des Pfarrers fragt der Mesner: »Herr Pfarrer, glaubet Sia eigentlich an die Auferstehong?«

Darauf der Pfarrer: »En de nächste paar Stond sicher net!«

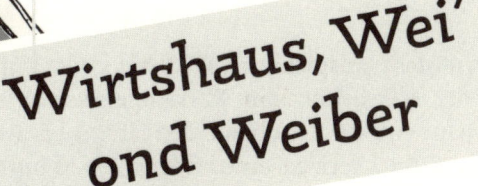

Wirtshaus, Wei' ond Weiber

ZUM
HIRSCHEN

Wild-Wochen

Wirtshaus, Wei' ond Weiber

Nach einem ausgiebigen Wirtshausabend macht sich der Alfred trotz der Warnungen seiner Zechkumpane mit dem Auto auf den Heimweg. An der ersten Ampel springt ein kleines rotes Männle vor ihm auf die Straße und ruft: »I ben des kloine, schwule rote Männle ond han Durscht!« Zufällig hat der Alfred eine volle Cola-Büchse bei sich im Wagen und gibt sie ihm. Schnell verschwindet das Männle und Alfred setzt seine Fahrt fort.

An der nächsten roten Ampel springt ein gelbes Männchen vor ihm auf die Straße und ruft: »I ben des kloine, schwule gelbe Männle ond han Honger!« Alfred reicht ihm das vom Mittag übrig gebliebene Vesperbrot und setzt seine Fahrt fort.

Bei der dritten Ampel springt nun ein grünes Männle vor ihm auf die Straße. Er kurbelt die Fensterscheibe runter und ruft dem Männle entgegen: »He, du kleins, schwul's grün's Männle, wa witt du?«

Darauf der Grüne: »Führerschein und Fahrzeugpapiere bitte!«

Kommt ein Mann in den »Ochsen« und bestellt ein Bier. Als er zahlen will, sagt der Wirt: »Zwei Euro und 60 Cent.«

Der Mann zählt also 26 Zehner ab und schmeißt sie dem Wirt hinter die Theke. Der ist sauer, sammelt aber die Zehner ein und schimpft vor sich hin.

Wirtshaus, Wei'
ond Weiber

Am nächsten Tag kommt der Mann wieder und bestellt ein Bier. Als er zahlen will, sagt der Wirt: »Zwei Euro, 60 Cent!«

Der Mann legt einen 5-Euro-Schein auf den Tresen.

»Jetzt han i di, Bürschle«, denkt sich der Wirt, zählt 24 Zehn-Cent-Stücke ab und schmeißt sie zu dem Gast. Sie verteilen sich in der ganzen Wirtsstube.

Der Mann überlegt kurz, legt noch zwei Zehn-Cent-Stücke auf den Tresen und sagt: »Nomol a Bier, bitte!«

Ein Ehepaar hat den Schwarzen Grat, den höchsten Berg Württembergs, erklommen und freut sich riesig über das wunderbare Panorama, das sich vor ihnen ausbreitet.

»I ben wia berauscht!«, sagt er.

Meint sie: »Siehsch, 's goht au ohne saufa!«

Am Aschermittwochmorgen: Vor dem »Lamm« liegt ein Mann in der Kandel. Fußgänger, die ihn finden, glauben, der Mann liege im Sterben und rufen einen Priester. Der beugt sich über das Häuflein Elend und fragt: »Willst du die letzte Ölung, mein Sohn?«

Mit geröteten, wässrigen Augen starrt der Mann den Geistlichen an und lallt: »Um dr Jeses-chrischttagswilla! Bloß nix Fettigs!«

Wirtshaus, Wei' ond Weiber

Der schwäbische Hotelgast zum Ober: »I hätt gern zwoi viel zu hart kochte Oier, en eiskalta Speck, a verbrennt's Toschtbrod, tiefg'frorane Butter ond an lauwarma Kaffee!«

Darauf der Ober: »Das dürfte schwierig sein.«

Der Schwabe: »Wieso? Gerscht isch's doch au ganga!«

Man darf niemals einen Tübinger Wein oder einen Reutlinger Wein separat trinken. Das wäre lebensgefährlich. Der »Genuss« ist nur zusammen möglich: Der Tübinger Wein reißt einem nämlich Löcher in den Magen und der Reutlinger Wein zieht sie wieder zusammen.

Nach der Singstunde nehmen einige Herren aus dem ersten Tenor noch kräftig einen zur Brust. Auf dem Heimweg singen sie lauthals: »Guter Mond, du gehst so stille ...«

Eine Frau reißt das Fenster auf und ruft: »Nemmet Se sich a Beischpiel dra, meine Herra!«

Übertrieben viel hat der Hannes mit seinen Freunden gezecht, als ihm plötzlich übel wird. Also macht er sich schnell auf, den Abort zu erreichen zum »Bröckala lacha«. Dabei fällt ihm das Gebiss in den Abtritt.

Jammernd kehrt er zum Stammtisch zurück. »Mach dr nex draus«, sagt der Beizer, »heit Morga hot mr airscht de Abtritt g'leert. Nemmscht halt a Loiter ond steigscht na, no wersch's schau fenda.« Gesagt, getan.

Als er aber nach einer geschlagenen Stunde noch nicht zurück ist, geht einer der Kameraden zum Häusle und ruft hinunter: »Wa isch, Hannes, hosch des Gebiss no et g'fonda?«

Da tönt es von unten hohl herauf: »Doch, schau drei, aber kois will reacht passa!«

Der Franz sitzt ziemlich trübselig in einem Wirtshaus. Vor sich hat er einen großen Humpen stehen. Plötzlich geht die Tür auf und ein Riesenkerl in Lederklamotten schnappt sich den Humpen und leert ihn mit einem einzigen Zug.

Franz beobachtet das Szenario und schreit dann mit hochrotem Kopf den Rocker an: »Pass amol auf, du Schofseckl: als Erschts werd i heut morga entlassa. Auf em Hoimweg han e mein Waga zerlegt. Wia i hoimkomm, verdwisch i mei Frau mit meim beschta Freind em Bett. Dann jault mr mei sechzehnjährige Tochter d'Ohra voll, dass se schwanger sei ond et woiß, von wem. Ond no kommt no so a hirnverbrannts Arschloch wie du dr'her ond sauft mr mein ganze Hafa voll Gift aus!«

Wirtshaus, Wei'
ond Weiber

Ein Polizist stoppt Rüdiger und fragt: »Hend Sia Reschtalkohol?«

»Hörat Se doch auf mit derra Bettelei!«

Es war schon helllichter Tag, als der Paule mit einem saumäßigen Dampf im Gesicht auf unsicheren Beinen das gemeinsame Schlafzimmer betrat. Darauf hatte seine Lina schon lange gewartet. »Was, du wagsch di morgens om halb achte mit so ma Balla zom hoimkomma? – A a'schdendiger Ma duat so ebbes edda!«

»Do muasch ja saufa«, wehrt er sich entrüstet, »wenn da a Weib hosch, mo morgens om halb achte no em Nescht liegt!«

Zwei Bauern gehen in das neu eröffnete »Pils-Pub« in ihrem Dorf. An der Tür hängt ein Zettel mit der Aufschrift: »Großes Gewinnspiel! Kostenloser Sex zu gewinnen!« Die beiden gehen zum Wirt und fragen, was man tun muss, um zu gewinnen.

»Ganz oifach«, sagt der Beizer, »I denk mir a Zahl zwischa 1 ond 10 ond wenn Se dia richtig rotet, dann hend Se gwonna.«

»Fünf«, rät der eine Bauer.

»Duat mr loid, es isch die Vier. Sia hend leider nix gwonna.«

Wirtshaus, Wei' ond Weiber

Einige Tage später versucht es der andere Bauer auch, aber verliert ebenfalls. Daraufhin meint er zu dem Ersten: »Woisch du, i glaub, irgendwia isch was faul an dem Schpiel!«

»Des glaub i net«, meint der Erste, »mei Frau hot nämlich letzte Woch scho zwoimol g'wonna ...«

Der Dorfpfarrer sitzt im »Löwen« beim Sonntagsbraten. Ärgerlich sinnt er darüber nach, wie er dem Wirt eins auswischen kann, weil dieser nie im Gottesdienst ist. Als sich der Wirt schließlich zu ihm setzt, tupft sich der Geistliche den Mund ab und sagt: »Löwawirt, wenn i guad essa will, no muaß e oifach en's Lamm nomganga!«

Da nickt der Wirt bedächtig. »Siea hend's guat, Herr Pfarrer. Wenn i a g'scheida Predigt höra will, no muaß e glei en d' Schdadt neifahra!«

Ein Schwabe bestellt sich im Wirtschäftle ein Viertele. Er setzt zum Trinken an, setzt aber kurz vorher wieder ab. Dies wiederholt sich drei Mal. Ein Stammgast sieht dies und fragt den Schwaben, wieso er denn nicht trinke?

Der Schwabe antwortet: »Wisset Sie, i trink so gern a Viertele, aber jedsmol, wenn i trinke will, lauft mir 's Wasser in dr Gosch zamma, und i mog doch koi Schorle.«

Wirtshaus, Wei'
ond Weiber

Der Herbert schwankt mit seiner neuen Freundin nach dem 40er-Fest seines Freundes nach Hause.

»Bisch miad?«, fragt er sie.

»Wia d' Sau, Schatz!«, antwortet sie.

Seufzt er erleichtert: »Gott sei Dank!«

Es ist spät am Abend. Die Stammtischbrüder sitzen schon lange beieinander und Bier und Wein fließen in Strömen. Karl-Friedrich hebt alle paar Minuten sein Glas und will mit einem der Stammtischbrüder anstoßen. »Proscht Neujohr!«, ruft er fröhlich.

Darauf raunzt einer seiner Mitzecher: »Was, Neujohr? Mir hend doch schau bald Auschtra!«

»Was? Auschtra? Heilandsack, des geit Ärger, so lang benn i jo no nia versackt!«

Ein Mann betritt das Gasthaus »Engel«, bestellt ein Bier, trinkt es bis auf einen kleinen Rest aus und kippt diesen dem Wirt mitten ins Gesicht. »Des isch mir saumäßig peinlich«, sagt der Mann. »Des isch ein innerer, nervöser Zwang. Des ka i oifach et ondrdrücka!«

»Do sottet Se obedengt amol zum Psychiater ganga«, äußert sich der Wirt verständnisvoll.

Einige Zeit später kommt der Mann wieder in das Lokal und tut das Gleiche. Jetzt ist der Wirt ernstlich böse. »I han denkt, Sie hen zom Psychiater ganga wella?«

»Dort war i au!«, grinst der Mann.

»'s hot aber offabar net g'holfa«, murrt der Wirt.

»Freile, freile«, sagt der Mann, »jetzt isch mir dui Sach ibrhaupt nemme peinlich!«

Zwei Stotterer sitzen bei einem Glas Bier zusammen. An den Nebentisch setzt sich ein Mann mit Glatze. Da sagt der eine Stotterer zu dem anderen: »Ddddu – ddddn foppat mr jetzt ammmmol!«

»Wwww-wie, ww-wie, www-wilsch'n ddd-de, dd-des macha?«

»Iiii frog en, wawawawa-was er bbbb-beim Frisfriseur zzzzahlt!«

Gesagt getan – er tippt dem Glatzköpfigen von hinten auf die Schulter und fragt: Eeeentschulddddigung, ww-was zzzz-zahlat Sie eieieiei-gentlich bbbbb-beim Friseur?«

»15 Euro – so viel, wie ihr zwoi für a Ortsgespräch!«

Der Philosophieprofessor sitzt nachdenklich vor einer Flasche herrlichen Lembergers und sinniert: »Trenk i jetzt oder trenk i net? Mein Maga rät: Jo, ond mei Kopf verlangt: Noi! Ond mei Kopf isch dr Klügere ... Ha ja, on der Klügere kippt nach!«

Wirtshaus, Wei'
ond Weiber

Dr kürzeschte Musikantawitz:
Goht en Musikant am Wirtshaus vorbei ...

Ein Schwabe kommt in eine Bar, sieht sich um, ist allein mit dem Barkeeper und sagt: »Ha, jetztedle schmeiß i a Lokalrunde!«

»**Des isch oglaublich**, wie du dich noch sechs Halbe verändert hosch«, sagt der Wolfgang zu seiner Frau.
Darauf erwidert sie: »Aber i han doch gar koine sechs Halbe tronka!«
Wolfgang: »Aber i!«

Was muaß a Musikant trenka, wenn'r 0,5 Promill' erreicha will?
Drei Tag lang gar nix!

Sagt der Opernsänger zum Wirtshausmusikanten: »In meiner Kehle steckt ein Vermögen!«
Antwortet der Wirtshausmusikant: »En meira au!«

Onsre schlaue Baura

Onsre
schlaue Baura

Manche spöttischen Städter sagen den Bauern auf dem Lande nach, sie seien »etwas zurückgeblieben«. Trotzdem hat jeder seinen Daimler in der Scheuer stehen. Das kommt von der optimalen Fruchtfolge: Weizen, Rüben, Bauland.

Ein Bäuerle von der Alb fährt zu einem Arztbesuch nach Stuttgart. »Herr Doktr, i mecht mi kaschtriera lassa.«

»Aber, aber,« entgegnet der Doktor »Sie sind doch noch jung, warum wollen Sie denn diesen Eingriff vornehmen lassen?«

»Mei Weib hot g'sait, i soll mi kaschtriera lasse, und wenn mei Weib sait, i soll mi kaschtriera lasse, no lass i mi kaschtriera«, erläutert das Bäuerle.

Also wird diese Operation durchgeführt. Als das Bäuerle wieder nach Hause kommt, fragt seine Frau: »Ond, hosch de en Stuegert impfa lasse?«

Daraufhin läuft das Bäuerle hochrot an: »Heilandzack, impfa hot des g'hoißa.«

Sebastian kommt in völlig desolatem Zustand am Sonntagmorgen zum Stammtisch. Den Arm trägt er in einer Schlinge, das rechte Auge ziert ein Veilchen, das linke ist dick verschwollen, den rechten Fuß zieht er etwas nach. »Ja, Baschte, was isch denn mit dir bassiert, bisch onder's Auto komma?«, fragt einer aus der Stammtischrunde.

»Es gibt oifach Sacha, die kasch net erklära«, brägelt Sebastian vor sich hin.

»Jetzt lass de doch net so lang bitta. Auf goht's!«

Letztlich beginnt Sebastian zu erzählen, was für ein Unglück ihm widerfahren ist. »Also passat auf. Wo i geschtern mei Kuah g'molka han, stoht doch des Rendvieh mit dem Vorderfuaß en mein Milchoimer nei. No han e über mi glangt ond a Garbasoile razoge, ond ra dodrmit dia Vorderläuf zemabonda. Ond wia ne so weitermelk, stoht mr des Luadr mit ema Henterfuaß en mein Milcheimr nei. No han i wiedr naufg'langt ond a Garbasoile razoga ond han dera die Henterläuf zemabonda. Wo i no weitergmolka han, hot mir des Hura-Rendvieh mit em Schwanz oina om da Grend romgschlaa. Jetzt han e wieder a Garbasoile razieha wella. Jetzt war aber kois me do. No ben i aufgstanda ond han mein Gürtel aus dr Hos rauszoge ond han dem Rendvieh sein Schwanz an d' Stalldecke nuffbonda. Ond weil i koin Gürtel meh ag'het han, wone henter dera saubleeda Kuah gstanda ben, isch mir mei Hos rag'rutscht. Juschtament in dem Augablick kommt mei Weib zur Stalltür rei.

's gibt oifach Sacha, die kasch net erklära!«

Zum Thema Bauernsterben: Dr Knecht kommt en 's Wirtshaus g'stürzt. »Bauer, komm schnell, d' Schuier brennt!« – »Was, jetzt scho?«

Onsre
schlaue Baura

Ein Bauernpaar aus dem Calwer Wald kommt zum ersten Mal in die Landeshauptstadt Stuttgart. Voll Verwunderung schlendern sie durch die Markthalle. An einem Obst- und Gemüsestand bleiben sie stehen und betrachten die große Auslage. »Was send denn des für hoorige Kartoffla?«, fragt die Bäuerin.

Der Verkäufer: »Das sind keine Kartoffeln, das sind Kiwis. Die kosten 70 Cent pro Stück.«

»Was, siebzg Cent pro Stück?«, ruft die Bäuerin erstaunt aus.

Darauf der Verkäufer: »Ja, was glaubat Sia, die muaß mr eiführa.«

Nun mischt sich auch der Bauer ein: »Siehsch, dia muaß mr eiführa, ond du daube Laus hättsch se g'fressa!«

Ein Alb-Bauer geht ins Musikhaus und sagt zum Verkäufer: »I hätt gern die rode Trompet' ond des weiße Akkordeon!«

Der Verkäufer stutzt, doch der Bauer beharrt auf seinem Wunsch. Schließlich sagt der Verkäufer: »Also guad, da Feuerlöscher ka i Ihne verkaufa, aber dr Heizkörper bleibt an dr Wand!«

Ein Finanzbeamter macht Außenkontrolle bei einem Bauern in Dettingen/Teck und stellt fest, dass dieser eine Schnapsbrennanlage hat. »Bauer, dodrfir musch du Steura zahla!«

»Aber wieso, i brenn doch gar koin Schnaps!«

»Aber du hosch des Gerät drfir!«

Tags darauf geht der Bauer in die Stadt und direkt zum Finanzamt, zum selben Beamten.

»Finanzer, i mecht gern Kinderbeihilfe beantraga!«

»Wieso, du hosch doch gar koine Kendr?«

»Aber i hau's Gerät drfir!«

Eine Frau fährt mit ihrem Porsche auf den Wochenmarkt, um Kartoffeln zu kaufen. Der Bauer fragt: »Hättat Sia gerne weibliche oder männliche Krombiera?«

»Was?«, fragt die Frau ganz erstaunt. »Gibt's denn unterschiedliche Kartoffeln?«

»Ha, nadierlich«, antwortet der Bauer.

»Dann nehme ich 20 Kilo weibliche Kartoffeln. Verstauen Sie diese bitte gleich im Kofferraum meines Fahrzeuges.«

Der Bauer nimmt die Kartoffeln und schüttet diese einfach in den Kofferraum.

»Was ist denn das für eine elendige Sauerei!«, schreit die Frau ganz außer sich.

»Warom?«, fragt der Bauer ganz erstaunt. »Hättet Se männliche Kartoffla g'nomma, wäret se im Sack g'wesa!«

Onsre
schlaue Baura

Ein Filderbauer wird um 2 Uhr früh von der Polizei auf der Weinsteige in Stuttgart angehalten und gefragt, wo er denn um diese Zeit in der Nacht noch hinfahre.

Der Mann antwortet: »Ich ben uf em Weg zu ma Vortrag über Alkoholmissbrauch, die Auswirkungen auf da menschliche Körper sowie die Einflüsse durch Raucha und spät hoimkommen.«

Der Polizist fragt: »Wirklich? Wer hält um diese Zeit in der Nacht noch einen solchen Vortrag?«

Der Mann antwortet: »Mei Weib!«

Ein Bauer wird von einem enormen Blasendruck geplagt. Also steigt er vom Bulldog ab und pieselt an eine Hecke. Mitten im herrlichen Gefühl der Erleichterung setzt sich eine Wespe auf sein bestes Stück und sticht zu. Vom Schmerz gepeinigt rennt er in die Milchkammer und hängt seinen Zebedäus in eine gut gekühlte volle Milchkanne.

Plötzlich steht die Magd in der Tür und sagt: »Also, wia mr'n leert, des woiß i, aber wie mr'n wieder lädt, des han i bisher no it g'wisst!«

Vor vielen Jahren ist der Hämmerle-Schorsch nach Kanada ausgewandert. Als er nach dreißig Jahren wieder seine Schulkameraden im Wirtshaus trifft, wird er mit Fragen gelöchert. Gerne erzählt er von seinem Auskommen in der neuen Welt: »Wissat 'r, i hau en Ackr, der ischt so grauß, dass i en ganza Dag drzua brauch, om mit meim Auto dromrom zom fahra!«

Der Hülabaur, der die Angeberei schon eine ganze Weile satt hat: »Jo, jo, so a Auto han i au scho g'hett!«

Zum Festtag hat die alte Bäuerin einen besonders guten Rührkuchen gebacken. Gerade mit Eiern hat sie nicht gespart, und statt normalerweise drei Eiern hat sie sechs verwendet. Auf dem Weg vom Backhaus nach Hause stellt sie den Kuchen zum Auskühlen auf die Friedhofsmauer und rastet selbst ein bisschen auf der Bank. Beim Aufstehen stößt sie versehentlich an das Kuchenblech und der gute Kuchen rutscht über die Mauer auf den Friedhof. Vom plötzlichen Kuchenverlust übermannt, jammert und weint sie: »Oh jeh, er war doch so schee ond so frisch!«

Der Pfarrer, der gerade zufällig vorbeikommt, versucht die alte Bäuerin zu trösten. »Aber Mütterle, dort liegen viele, die noch jung waren.«

»Jo, Herr Pfarrer, des scho, aber koiner mit sechs Oier!«